JN014624

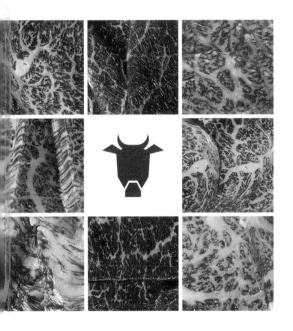

新版

焼肉美味手帖

監修　藤枝祐太

焼肉美味手帖
CONTENTS

Beef Column 識って楽しい！ 牛肉コラム

「牛肉にも"旬"がある？」「あの部位の名前の由来は？」「話題の"熟成肉"って何？」「炭火とガス火、どちらがいいの？」…などなど、牛肉にまつわるさまざまな雑学や一歩踏み込んだ考察、さらには肉のプロだからこそ知っている裏話までを網羅した34編のコラムを収録。焼肉初級者はもちろん、上級者でもますます焼肉を極めたくなる知識が満載。これを読めば焼肉店での肉談議がよりいっそう盛り上がること間違いなし！

豚 Pork

鶏 Chicken

焼奥義

「焼肉美味手帖」の使い方

**手帳サイズだから鞄の中に常備して、
店での手引書、会話を盛り上げるネタ集として活用を。**

インデックス
牛の正肉を大きく四分割。
そのページにある部位が
どこに含まれるかが示さ
れている。

部位マップ／階層
その部位が位置する
場所をマーキング。

特徴
それぞれの部位に備わる持
ち味を簡潔に表示している。

◯ **焼き方指南**
肉のプロからおすすめの
焼き方を一言アドバイス。

Detail Check!
肉の「見た目」に特化して、
おいしいポイントを解説。

DATA
流通量の観点からの希少
度、価格の高さ、脂ののり
具合、肉質の硬さを5段階
で評価。

牛肉コラム
Beef Column
牛肉にまつわるウンチクを紹介。
披露すれば「肉通」を気取れる。

肉で人を笑顔にしたい。私がそんな想いを抱いたのは、今から15年ほど前のこと。当時の仕事を通じて肉と深く関わるようになったのをきっかけに、「どうせなら肉をとことん突き詰めたい」と丁稚奉公さながら東京・芝浦の東京都中央卸売市場食肉市場へ通うようになりました。

全国から生きた牛や豚が運ばれて我々の口に入るべく加工される——その現

焼肉はエンターテインメント

"肉職人"が案内する
知ればもっとおいしい「焼肉通」のはなし

焼肉芝浦オーナー
藤枝祐太

場を目前にしてまざまざと実感したのは、「いただきます」とは「生きた命をいただく」という絶対的な事実。私の仕事は、その命をお客様に提供することだ、と。寿司の世界に寿司職人という言葉があるように、私は肉の世界の「肉職人」として、肉のおいしさ、焼肉の楽しさを余すところなく伝えていきたいと強く願っています。

本書には、私の経験から得られた「焼肉で幸福になるためのヒント」がたっぷり詰まっています。焼肉には、人と人を繋ぎ、人の輪を広げ、その場に笑いをもたらす力があります。この本を片手に、ぜひ焼肉のエンターテインメント性を感じていただけたら幸いです。

生きた命を余すことなく大切に頂く。

「命」のおいしさを最大限に感じてもらうべく、
藤枝氏はなんと肉の部位によって異なるカットを施す。

藤枝氏の一日は肉切り包丁を研ぐことから始まる。「肉は切りたてがおいしい」と、自身の店では注文を受けてから一枚一枚丁寧にカットする。冷凍保存を一切しないがゆえに、風味は格別だ。

「肉職人」の底力を味わえる焼肉の聖地

藤枝氏の店で提供される肉は脂の融点が低い和牛雌肉のみ。人気のミスジやイチボ、肉通が注目する赤身のシキンボ、希少性が高いシャトーブリアンなど圧倒的な種類の部位を1枚から注文できる。焼肉ダレやホルモンダレは、もちろん無添加。最高の牛肉を最高の状態で味わえるのだ。

■ 焼肉芝浦 駒沢本店
東京都世田谷区駒沢5-16-9　TEL 03-5706-4129
営業時間:17:00～24:00(L.O.23:00)定休日:月曜

■ 焼肉芝浦 三宿店
東京都世田谷区下馬1-45-6ウィスタリアプラザ2F
TEL 03-6805-4129
営業時間:17:00～24:00(L.O.23:00)定休日:木曜

■ 肉の藤枝
東京都世田谷区下馬1-45-6ウィスタリアプラザ1F
TEL 03-6805-4129
営業時間:13:00～17:00　不定休

肉のスペシャリスト直伝！
牛肉をもっとおいしく焼く極意

熱源別

炭火
[アウトドア]
P.10~15

特徴 ○強力な火力
気をつけるポイント
○炭を必ず燃やし
切ってから肉を焼く
○焦がさない

ガス
[お店]
P.16~19

特徴
○火力が一定で焼きやすい
気をつけるポイント
○肉の脂や厚みに応じて、
こまめに温度調節をする

電気
[家庭]
P.20~23

特徴
○火力の微調整が難しい
気をつけるポイント
○肉から出た水分が
再び吸着しやすい

火の強さ **強**

 弱

温度は「MAX」が基本

肉をおいしく焼く。ただそれだけのことなのに、なぜか難しい。
もちろん一通りの知識と経験で、それなりに焼くことはできる。
でも、果たしてそれがベストなのか？　もっとおいしく焼くには、どうしたらよいのか？
注目すべきは、熱源による火力の違いである。
ここでは、アウトドア（炭火）、お店（ガス）、家庭（ホットプレート＝電気）にて、
上タン、上赤身、上カルビ、上ハラミを例に、それぞれをおいしく焼く方法を伝授する。
肉を知り尽くした男・藤枝祐太の極意、とくとご覧あれ。

肉の
厚さ
厚

肉の選び方
○大胆な厚切り
○ホルモンも
　厚切りが最適
○塊肉もおいしく
　焼ける

肉の選び方
○厚さ6〜10ミリ
　程度が焼きやすい

薄

肉の選び方
○厚さ3〜5ミリ程度
　の薄切りがよい

炭火でおいしく焼く!

キャンプなどのアウトドアでは、炭火を使ったバーベキューが断然おいしい。
炭火ならではの強力な火力を活かして、最もおいしい焼肉を食べたいなら、
厚みのある肉を用意するのが鉄則。かたまり肉もどーんと焼いてみよう。

POINT-1

炭は焼き切ってから肉を焼くべし

炭全体に火が入っている状態にしてから、肉を焼き始めよう。火力にムラが無いように、焦らずに炭の準備をすることが、おいしさへの第一歩だ。

POINT-2　側面のグラデーションに注目するべし

厚切りだからこそ、側面の焼き色が確認しやすい。見る見るうちにグラデーションとなって表れる火の入り具合を、横から観察しながら、こまめに返し、焦がさないように注意しよう。

POINT-3
すべての面をしっかり
ローストするべし

表面をしっかり焼くことで、肉のうまみや脂を中に閉じ込めることができる。特にかたまり肉は、繰り返し丁寧に、全面（6面）をこんがり焼きたい。

カルビやハラミなどの厚みのある肉は、側面も忘れずに焼こう。

POINT-4 焼けたら少し休ませてから食すべし

焼きたての肉の中では、脂がまだぐるぐると回っており、うまみが安定していない。しばらく休ませることで脂が全体に馴染み、一番おいしいタイミングが訪れる。

▲ 焼いてすぐに切ったところ。脂が落ち着いていないのが、断面からわかる。右のようなピンク色の断面が食べごろ。

おいしい焼き方の基本

[上タン]

❶ 側面の焼き色グラデーションを確認。

❷ 返して焼き色を確認。

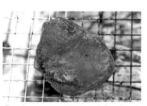

❸ こまめに返して両面こんな色になったら焼き上がり。

❹ 少し休ませれば、中はピンク色！サクサクの食感に。

[上赤身]

❶ 側面の焼き色グラデーションを確認。

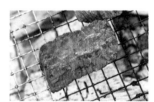

❷ こまめに返して両面をしっかり焼く。

❸ 側面も忘れずに焼く。

❹ 網から降ろして少し休ませ、食べごろになるのを待つ。

強力な火力により、厚切りの肉でもすぐに火が入る。
焦がさないように、こまめに焼き色を確認しながら何度も返し、
ベストを目指せ！

[上カルビ]

❶側面の焼き色グラデーションを確認。

❷返すうちに余分な脂は落ちる。

❸両面こんがり、焼き色の目安。

❹焼き上がり後、少し休ませた断面。焼きたてと食べ比べてみるのも一興。

[上ハラミ]

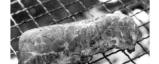

❶側面の焼き色グラデーションを確認。

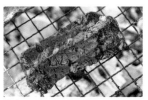

❷表面に出てくる脂は落とす。

❸焼き上がってすぐは、まだ脂が落ち着かずレア。

❹はやる気持ちはわかるが、脂が落ち着くまで少し待とう。

13

炭火ならではのお楽しみ

かたまり肉を焼こう！

炭火で焼く最大の醍醐味は、かたまり肉にあり。
焼きながら端の方を切ってみて、
まだ早いなと思えば、また断面を焼いては
休ませるという工程を繰り返せばOK。
ベストな焼き加減を追求しよう。

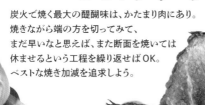

STEP-**1**

全体に塩を振り、網に載せる。
今回用意したかたまり肉は、カメノコ。

STEP-**2**

下から焼けて断面がグラデーションになっ
てきたら、焼く面を替える。

STEP-3

焼き色を確認しつつ、
繰り返し転がしながら焼く。
焼いていない面には、
ドリップ(水分)が逃げ出してくる。

STEP-4

6面ともよく焼けたら、
火から外して一度休ませる。

バットなどに
避難させてもよい。

STEP-5

トングは指代わり。
トングで触って、肉の弾力を確認しながら、
端の方を少し切ってみよう。
中はまだかなり赤味が強く、レアな状態。

STEP-6

もう少し焼いた方がよさそうだ。再び網に載
せ、全面を焼く。
焼けたら火から外し、アルミホイルに包んで、
5分ほど放置。

STEP-7

余熱でほどよく火が入り、
中がほどよいピンク色になったら食べごろ!

15

ガスでおいしく焼く!

ここでは、主にガス火のお店でおいしく焼くコツを、藤枝祐太氏がオーナーを務める「焼肉芝浦」での供され方を例として、ご紹介する。もちろん焼肉店の熱源や、肉の切り方は、これに限らない。各店のベストな状況で出される肉を、よりおいしく焼くためのメソッドのひとつとして参考にしてほしい。

POINT-1
手かざしで3秒。目安は「1、2、3、熱い!」

火力を一定に保ちやすいのがガスの魅力のひとつ。温度は高すぎても低すぎてもNG。焼き網のそばに手をかざして、「1、2、3」と3秒数えていられるぐらいが、適温の目安である。つまり3秒もかざしていられなければ高温すぎるし、いつまでもかざし続けられるのは低温すぎる。

お店で使われる焼き網は、保温性が高く、冷めにくいように、工夫が施されている。

POINT-2
肉は火の上あたりを狙って
きれいに並べるべし

火力は一定、とはいうものの、ガスの炎が見えるようであれば、その真上あたりに肉を並べよう。ベストな焼き具合を確認するためにも、丁寧にきれいに並べるのは大前提である。

POINT-3
何度も返してOK！
全体の焼き色を確認するべし

肉の厚みや部位によって、火が入りやすいもの
もあれば、入りにくいものもある。基本的には、
焼き具合を確認しながら返す作業を繰り返し
て、ベストな焼き具合を目指そう。「焼肉を返す
のは1度だけがよい」という説もあるが、とらわ
れる必要はない。

ただし、赤身は火が入
りすぎるとパサパサに
なるので、一度の返し
で決めたいところだ。

POINT-4
トングを自分の指先代わりに
使いこなすべし

焼き具合を確認する目安のひとつが、弾力だ。
本当は、自分の指先で直接確認できればよい
のだが、熱々の肉を触るわけにもいかない。そこ
で使いこなしたいのがトングである。トングの先
は、自分の指先の延長と思い、返すだけでなく
弾力の確認などにも積極的に使おう。

POINT-5　焼き上がったら20秒待ってから食すべし

「よーし、最高の焼き具合！　さあ、食べるぞ！」とはやる気持ちもわかるが、ちょっと待っ
た！　焼き上がったらすぐに口に入れずに、皿に取って20秒我慢しよう。焼きたての肉の
中は、脂がまだぐるぐる回っている状態だ。火から外して休ませるうちに、中の脂が落ち着
いて、より一層おいしい状態になる。せっかく丹念に焼き上げた肉、20秒の我慢で完璧に。

おいしい焼き方の基本

［ 上タン ］	［ 上赤身 ］

❶厚さ10ミリ。側面の焼き色は見にくいので、焼き面の色を確認しながら返す。

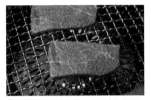

❶厚さ6ミリのカメノコ。火の上にきれいに並べる。

❷全体の焼き色を見ながら、じっくり何度も返す。

❷ザワザワと脂の音がして、表面に汗をかいたら返し時。

❸何度も確認しながら返すうちにいい色になってくる。

❸赤身は火が入りすぎるとパサパサに。返しは一度でOK。

❹周りが焦げ始めるぐらいが焼き上がりの合図。サクサクの食感を楽しもう。

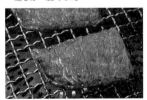

❹返したら、表の半分の時間だけ焼いて完成。焼きすぎに注意しよう。

安定した火加減で、万人が扱いやすいガス火での調理。
炭火に比べると火力は低いので、肉は厚すぎない方が焼きやすい。
まずは手かざしで温度を確認してから、丁寧に焼いていこう。

［ 上カルビ ］

❶厚さ6ミリの三角バラ。脂が多く薄いので火が入りやすい。

❷こまめに焼き色を確認しながら早めに返す。焦がさないのが肝心。

❸トングで弾力も確認しながら、何度返してもOK。

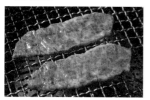

❹焦がさないうちに皿に取る。20秒待って食べれば完璧だ。

［ 上ハラミ ］

❶厚さ10ミリ。脂が多いので焦がさないようにこまめに確認。

❷何度も焼き色を確認しながら返し、肉汁を閉じ込める。

❸側面も焼く。2枚まとめてトングで挟めば均等に火が入る。

❹トングで弾力を確認し、香ばしく焼き上げる。

電気（ホットプレート）でおいしく焼く!

家庭で焼肉を楽しむ時に登場するのがホットプレートだ。なお、カセットコンロなどガス火で焼く場合は、「ガスで焼く」ページが参考になるが、凹凸のないプレートを使用する場合は、ここで紹介する電気での焼き方も参考にしてほしい。ポイントのひとつは、水分の逃げ場の有無である。

POINT-1
手かざしで温度を確認。できるだけ高温で設定せよ

炭火・ガスに比べると火力が弱く、微調整が難しいのが、電気の特徴だ。温度調節のつまみをMAXにしても、炭火やガスほどの高温には及ばない。まずは火力をMAXに設定し、手をかざして十分な温度になっているかどうかを確認しよう。

POINT-2 薄切り肉がおすすめ。焼く時はトングで浮きを押さえるべし

比較的火力が弱い電気での調理には、薄切りの肉がおすすめである。
ただし、網と違ってプレートは"抜け"が無いため、焼き始めると肉が反ったり浮いたりする。
そんな時はトングを使って押さえ、均等に火が入るように気をつけよう。

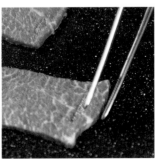

▲片面を焼くと、こんなにドリップが溜まる。
ペーパータオルで余分なドリップをふき取る。▶

POINT-**3**
返す前にドリップを
ペーパータオルでふき取るべし

ホットプレートは、網と違い"抜け"すなわち空
気や水分の逃げ場が無い。肉を焼き始めると
肉から出る水分や脂がホットプレート上に溜ま
り、そのまま焼き続けると、肉は下から蒸し焼き
にされている状態になる。つまり、余分な臭みや
脂分がまた肉に戻ってしまい、おいしさが半減
してしまうのだ。それを避けるには、返すタイミ
ングで、肉の下に溜まった余計な水分をペーパ
ータオルなどでふき取り、きれいな状態のプレ
ートで裏面も焼くとよい。

きれいにふき取ってから返すと
香ばしく焼き上がる。▶

POINT-**4** 焼き上がったら少し休ませてから食べるべし

炭火・ガスで焼いた時同様に、焼きたては肉の中で脂がぐるぐると回っている状態なので、
皿に取ったら束の間、休ませてから食べることをおすすめする。休ませることで脂が落ち着
き、食感もうまみも最高の状態で食べることができる。

家庭でおいしい焼肉を食べるなら、専門店のECサイト利用がおすすめ！

肉の切り方や保存方法、レシピの紹
介まで、家庭での調理を想定し、ベス
トな状態で焼肉を楽しめるように、さ
まざまな工夫を凝らした商品を提供
してくれるのが、肉の専門店のECサ
イトである。精肉店だけでなく、焼肉
店でも取り寄せ可能なお店が増えて
いるので、ぜひサイトをチェックして、
家庭でもおいしい焼肉を楽しもう。

「焼肉芝浦」ECサイト　https://beefshop.jp/

おいしい焼き方の基本

［ 上タン ］

❶ 厚さ5ミリ。プレート上で肉が浮くので、トングで押さえる。

❷ 脂がじわっと出てきたら、返すタイミング。

❸ 返す前に肉をいったんどけて、余分な水分をふき取る。

❹ 周りが香ばしく焼き上がれば完成。

［ 上赤身 ］

❶ 厚さ3ミリのカメノコ。焼き始めると肉が反るのでトングで押さえる。

❷ 周りに汗をかいてくる。

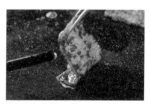

❸ 裏面を確認し、プレートのきれいな部分で返す。ここまで7秒。

❹ 薄いので焼けるのは早い。返したら3秒で焼き上がり！

電気は温まるのに時間がかかるので、温度調節をMAXに設定し、手をかざして温度を確認したら、焼き始める。
薄切りの肉はドリップを排除してさっと香ばしく焼き上げよう。
なお、ここでは「焼肉芝浦」ECサイトで販売している肉の薄さを前提に解説している。

[上カルビ]

❶ 厚さ3ミリの三角バラ。反ったらトングで押さえる。

❷ 水分は多いが薄いので、片面はすぐに焼ける。

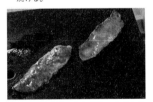

❸ 焼き色を確認したら、プレートの水分のないきれいなところで返す。

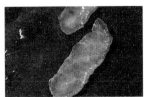

❹ 薄いので、一度の返しで完成!

[上ハラミ]

❶ 厚さ5ミリ。火が入りやすいので焼き色をこまめに確認。

❷ これぐらいの焼き色で返す。一度の返しでOK。

❸ プレートのドリップのあるところを避けて返す。

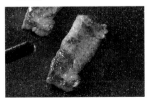

❹ 薄いので、すぐに焼き上がる。少し休ませてから食べるべし。

Beef

　ザブトン、トウガラシ、シンシンなどの「希少
部位」。「ブランド牛」、「熟成肉」、「赤身肉」。
さらには「A5」や「A4」といった「格付け」。こ
うした言葉が日常的に登場するほど、近年、日
本では空前の牛肉ブームが起こっている。また、
和牛の遺伝資源の不正流出問題など、世界
的にもますます和牛の存在感が高まっている。
本書では牛肉にまつわる基本のキ、部位の解
説、語って盛り上がれる牛肉のウンチクからお
いしい焼き方までを徹底的に紹介する。今こ
そ正しい知識を携えて、よりおいしい時間を味
わっていただきたい。

**意外と知らない
「牛肉」の豆知識**

B.M.S.って何?

　「格付け」は、今や牛肉を取り巻く流行語。
B.M.S.＝「ビーフ・マーブリング・スタンダード」
はその一つで、赤身の肉にどれだけサシが入っ
ているかを12ランクで設定した牛脂肪交雑基
準のことである。No.12が最高の脂肪交雑ラン
クになる。

おいしい肉の基本のキ、「和牛」の種類を心得るべし

　日本で流通する牛肉には、国産牛肉と輸入牛肉がある。国産牛肉には、和牛肉とそれ以外（乳用種のホルスタイン種、ホルスタイン種の雌牛に黒毛和種の雄牛を交配して作られた交雑種）がある。以下では、我が国原産の和牛4品種を紹介。各々肉質が異なるため、好みを見つけてほしい。また、国産牛と和牛の違いについては、p.41のコラムを参照されたい。

黒毛和種

最も多く各地で生産されている和牛品種。毛色はやや褐色がかった黒。高い脂肪交雑能力を有することで、海外からも注目を集めている。オーストラリアで生産されていることでも話題に。

褐毛和種（あかげ）

ご覧のように毛色は明るい赤褐色で、「あか牛」「褐毛牛」とも呼ばれる。主な生産地は熊本県と高知県。余分な脂肪が除かれた適度な霜降りと、旨み成分を豊富に含んだ赤身のバランスが魅力だ。

──────── 牛 の 種 類 ────────

日本短角種

昨今の赤身肉ブームで熱い視線を集めているのがこれ。岩手、青森、秋田、北海道を中心に飼育。サシが少なく赤身が多いことから、グルタミン酸など旨み成分のもととなるアミノ酸を豊富に含む。

無角和種

大正時代に黒毛和種とアバディーンアンガス種を交配、さらに昭和初期に改良した牛である。山口県萩市を中心に飼育。名前のとおり角を持たず、黒毛和種より濃い黒色をしている。

写真提供／独立行政法人 家畜改良センター

牛肉の格付

格付は、己の好みの肉であるかを判断する「物差し」として活用すべし

焼肉店でお馴染みの「A5」や「A4」の表示。A5の肉は値段が高いからおいしいはず、でも実際はなんのことかわからない。そんな方は、「歩留等級（ぶどまりとうきゅう）」と「肉質等級」という規格を押さえていただきたい。簡単にいうと、歩留等級とは、枝肉（えだにく：生体から皮、内臓などを取り除いた状態）から無駄なく肉が取れる割合を表したもの。肉質等級とは、「脂肪交雑」、「肉の色沢」、「肉の締まり及びきめ」、「脂肪の光沢と質」の4項目から決定される評価だ。例えば脂肪を抑えて肉の旨みを楽しみたい場合は、敢えて「A3」を選択する。そんなことができれば、一人前の「肉通」と言えよう。

歩留等級

A5

肉質等級

専門検査官によって厳格に格付判定された枝肉には、該当ランクのスタンプが押されて競りにかけられる。

等級	歩留基準数値	歩留
A	72以上	部分肉歩留が、標準より良いもの
B	69以上72未満	部分肉歩留が、標準のもの
C	69未満	部分肉歩留が、標準より劣るもの

歩留等級は3段階で決定。等級が低いということは自ずと痩せていてサシが入っている可能性が低くなり、高級牛肉と評価される見込みが薄くなる。かといって等級が高い肉のすべてに豊かなサシが入っているとも限らないことも覚えておこう。

歩留等級	肉質等級				
	5	4	3	2	1
A	A5	A4	A3	A2	A1
B	B5	B4	B3	B2	B1
C	C5	C4	C3	C2	C1

例えば、
脂肪交雑 …………5
色の色沢 …………5
肉の締まり及びきめ… 4
脂肪の光沢と質 ……5
⇓
最終的な肉質の等級は「4」となる。

歩留等級は、「ロース芯の面積」、「バラの厚さ」、「皮下脂肪の厚さ」、「半丸枝肉の重量」の4項目の数値を計算して、その総合的な判定結果を5段階で表示。実際の格付は上記のように歩留等級と肉質等級を連記して15段階で表示される。

食の安全神話が崩壊しつつある今、
欠かせない「牛トレーサビリティ制度」

　食品偽装やBSEの発生など、かつて牛肉を取り巻く環境は、様々な問題への対応を強いられてきた。安全がいかにして守られているかを理解することは、これからの時代に必須のスキルだ。

　さて、国が実際に行っている具体的な措置はなんぞやという話だが、「牛トレーサビリティ制度」はその重要な取り組みの一つ。牛一頭一頭に個体識別番号を付与することで、牛が飼育されてから店舗に並ぶまでにどのような飼料を与えられていたか、生産者は誰かなどを追跡できるようになっている。食品のリスクコミュニケーションを体系化したツールとして、ますます重要性を帯びてくるにちがいない。

JP 10000

12345

個体識別番号

国内で飼育されるすべての牛の両耳には10桁の個体識別番号を表示した「耳標（じひょう）」が装着される。

小売店に並ぶ牛肉のパッケージには、個体識別番号を印字したラベルを貼ることが義務付けられている。

日本におけるBSE対策は？

　日本では'01年にBSE（牛海綿状脳症）感染牛が確認されてから、食肉処理施設における特定危険部位の除去、スクリーニング検査、飼料規制などの措置が取られている。特に重要視されているのが飼料規制。BSEの伝達因子と考えられている「異常プリオン」を排除するために、牛由来の肉骨粉の利用と海外からの輸入が全面的に禁止されている。現在では、BSE発生のリスクは大幅に減少。日本の対策は国際的にも高く評価されている。

参考資料／公益社団法人　日本食肉協議会『食肉の知識』

牛—正肉

　牛を食肉処理し、内臓および四肢、頭、尾を切り離したものを「枝肉(えだにく)」といい、ここから取れる肉を「正肉(しょうにく)」と呼ぶ。枝肉は農林水産省が承認している「牛部分肉取引規格」に基づいて分割され、更に細分化される。この本では分割単位ごとの肉の特性を踏まえながら各部位を紹介していきたい。

牛肉部位図(正肉)

● **まえ**

牛の前半身部分。細かな筋肉が密集しているので赤身から霜降りまで様々な肉質の部位が入り組んでいる。なお本書では「ネック」および「すね」の部分肉は取り扱っていない。

図中ラベル：肩ロース／肩芯／ザブトン／サンカクバラ／肩バラ／かた(うで)／ブリスケ／ウワミスジ／肩サンカク／トウガラシ／ミスジ

4つの大分割と13の部分肉

　枝肉はまず大きく4つの部位－「まえ」「ロイン」「ともバラ」「もも」に分割される（大分割）。そこから13の「部分肉」に分けられ、更に細かく分割された肉が精肉店や焼肉店の店頭に並ぶことになる。以下にその大まかな図を示した。

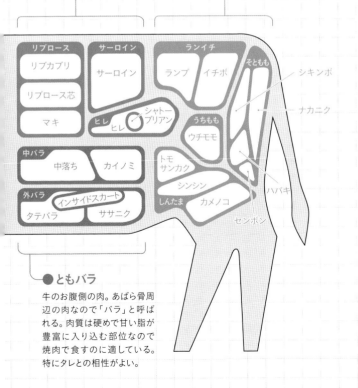

● ロイン

牛の背中、肩甲骨の下あたりから腰にかけての部分。柔らかく、ステーキに適した肉が取れる。一般的に牛肉の部位としては最も人気が高い肉が集結している。

● もも

牛の後ろ半身。脂の乗りが少なくやや硬めの肉が中心だが、昨今の赤身肉人気でがぜん注目を浴びている部位。なお本書では部分肉「すね」は取り扱っていない。

リブロース
リブカブリ
リブロース芯
マキ

サーロイン
サーロイン
ヒレ　シャトーブリアン
ヒレ

ランイチ
ランプ　イチボ
そともも
うちもも
ウチモモ
トモサンカク
シンシン
しんたま　カメノコ

シキンボ
ナカニク
ハバキ
センボン

中バラ
中落ち　カイノミ

外バラ
インサイドスカート
タテバラ　ササニク

● ともバラ

牛のお腹側の肉。あばら骨周辺の肉なので「バラ」と呼ばれる。肉質は硬めで甘い脂が豊富に入り込む部位なので焼肉で食すのに適している。特にタレとの相性がよい。

牛—まえ

牛
まえ

牛
ロイン

牛
ともバラ

牛
もも

牛
ホルモン

豚
肉

鶏
肉

肩ロース

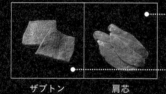

ザブトン　　　　肩芯

かた（うで）

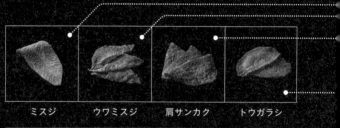

ミスジ　　　ウワミスジ　　肩サンカク　　トウガラシ

肩バラ

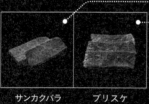

サンカクバラ　　ブリスケ

細かな筋肉が入り組む「希少部位の玉手箱」

「まえ」は牛の前半身に当たる部分で、大きく「ネック」「肩ロース」「かた（うで）」「肩バラ」「すね」の5つに分かれる（ネックとすねは焼肉にはあまり使われないのでこの本では省略）。

細かな筋肉が入り組んでいるので調理人にとっては扱いが難しい部分だが、その半面希少な部

位の宝庫でもある。肉質も「ザブトン（p.32）」や「サンカクバラ（p.44）」のようにサシが豊富なものから、「トウガラシ（p.42）」や「ブリスケ（p.46）」のように赤身のコクが楽しめるものまでとバラエティに富んでいる。「まえ」をひととおり食べてみればきっとお気に入りの部位を見つけられるはずだ。

牛
まえ

肩ロース

牛
ロイン

牛
ともバラ

牛
もも

牛
ホルモン

豚
肉

鶏
肉

美しいサシと肉の旨みが高次元で両立

ザブトン

別称 ハネシタ
英名 Chuck Flap

焼き方
指南

和牛の甘みと繊細な香り、
濃い旨みのあるザブトンは7〜8mmにカットし、
強火で両面10秒程度焼きあげるのがオススメ。

👁 **Detail Check!**

細かなサシが全体的に、均一に入って
いるのが上等なザブトンの証

🐄 DATA	希少度	★★★☆☆	価格	★★★★☆
	脂	★★★★★	硬さ	★★☆☆☆

特徴
- ▶ 肩ロースの下部であばら骨に近い部分
- ▶ 均一にびっしりと入った細かなサシ
- ▶ 脂の甘みと肉の旨みが両立

肩ロースは牛の背中側で首に近い部分。このうち「肩芯(p.34)」の下側、あばら骨近くに位置する部位だ。親しみやすい名称の由来は切り出した形状が四角いところから来ているといわれる。

細かなサシが均一に入った芸術的ともいえる美しい見た目を裏切らず、味わいもまた絶品。和牛らしい脂の甘みと繊細な香り、濃い旨みがすべて詰まっている。ほかのロース部位に比べるとやや弾力を感じる歯ごたえだが、むしろそれが肉らしくて良いという向きもある。

焼肉で食すならば薄切りが適しているだろう。塩やわさび醤油で食べるでも良し、タレもまた良しの万能選手である。

Beef Column
0001　所変わればカットも変わる。関東カットと関西カット

あなたが関西で食べた肩ロースは、関東ならリブロースとして提供されているかもしれない!? 唐突な話で恐縮だが、どういうことか説明しよう。

実は関東と関西では枝肉を分割するルールに若干の違いがある。「まえ」部分を切り離す際、13本ある肋骨のうち5本目と6本目の間でカットするのが関東。対して関西は6本目と7本目の間なのだ。このカットで「まえ」に含まれる肩ロースと「ロイン」側のリブロースが分かれることになるので、6本目の肋骨付近の肉は関東ではリブロース、関西では肩ロースという異なる部位として扱われるという訳だ。

別の見方をすれば、関東の方は肩ロースが小さくなり、その分リブロースが大きいということ。すき焼きやしゃぶしゃぶなどリブロースを扱う高級レストランが多い関東だけに、少しでもリブロースが大きくなるようなカット規格にした……などという邪推もできるが、果たして本当のところはどうなのだろう!?

牛 まえ

肩ロース

牛 ロイン

牛 ともバラ

牛 もも

牛 ホルモン

豚 肉

鶏 肉

リブロースに近い肉質の霜降り肉

肩芯

別称 肩ロース芯
英名 Chuck Eye Log

少し薄切りの3~4mmにカットし、
さっと甘ダレ（すき焼き）で煮て食べるべし。

👁 **Detail Check!**

ロース肉らしいきめ細かな肉質だが小
ぶりな盤面に筋が複数見られるのが特徴

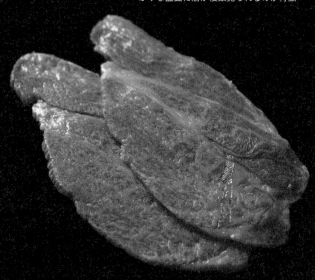

🐄 DATA	希少度	★★☆☆☆	価格	★★★☆☆
	脂	★★★★☆	硬さ	★★☆☆☆

► 肩ロース上部でリブロースにつながる肉
► なめらかな肉質と適度なサシ
► 近しい肉質のリブロースに比べリーズナブル

「ザブトン（p.32）」の上部に位置する肉。ロースという名称は牛の背中側の肉全体につけられているものだが、そのうち一番首に近いのがここだ。ここからお尻方向に向けて「リブロース」、「サーロイン（p.56）」、そして「ランプ（p.76）」と、人気の高い部位がつながっている。

ほどよいサシが入った肉質はロース部位ならではのもの。和牛らしいジューシーさを存分に味わえる。やや筋を感じるものの、リブロースに近いなめらかな食感。それでいて価格はリブロースやサーロインよりもずっとリーズナブルなのも嬉しいところ。焼肉はもちろん、すき焼き、しゃぶしゃぶにも最適な部位だ。

Beef Column 0002　焼肉メニューの「ロース」ってどこの部位？

カルビと並ぶ焼肉屋の人気メニューである「ロース」だが、果たしてどの部位を指すのだろう？実は以前はその定義が曖昧だったためきちんと理解している人が少ないのだ。この機会に頭に入れておいてほしい。

もともと精肉の世界でロースとは「肩ロース」「リブロース」「サーロイン」の各部位を指す。一方焼肉店では脂がたっぷり乗ったカルビに対し、赤身の味わいを楽しめる比較的あっさりした肉という意味合いで「ロース」という商品名を慣習的に用いてきた。従って上記のようなロース各部位のほかに、例えばランプやそとももなどのもも肉が使われることもあったのだ。

しかし、それではお客様に対して誤解が生まれるとして、2010年に消費者庁が焼肉業界に指導を行い、現在では「ももロース」のように部位を含んだメニュー名への変更や「この料理には『もも肉』を使用」という注意書きの付記が推奨されている。次回焼肉店に出かけたら、メニューをよくチェックしてみよう。

かた（うで）

牛
まえ

牛
ロイン

牛
ともバラ

牛
もも

牛
ホルモン

豚
肉

鶏
肉

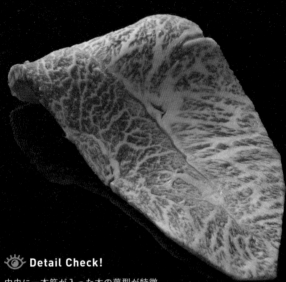

👁 Detail Check!

中央に一本筋が入った木の葉型が特徴。
筋が太すぎず、形が整ったものが上質

きめ細かな肉繊維とさっぱりした上質なサシ

ミスジ

別称 ハゴイタ
英名 Top Blade (Flat Iron)

焼き方
指南

コクのある食べ応えのミスジは大判の7~8mmに
カットし、強火で焼いて塩でいこう。

★ DATA	希少度	★★★☆☆	価格	★★★★☆
	脂	★★★★☆	硬さ	★★☆☆☆

特徴

▶ 肩甲骨の内側にあたる部分
▶ 真ん中に筋があり木の葉のような見た目
▶ 1頭から5kg前後しか取れない希少な部位

　かた（うで）の一部で肩甲骨の裏側にあたる部位。切り口は長めの楕円形で、真ん中に一本の筋が通る様はまるで木の葉のよう。いわれてみれば表面に走るサシは葉脈にも見える。この木の葉の形状が綺麗に整っているものほど上質なミスジだ。

　サシが多い見た目に反して味わいはさっぱりとしており、むしろ赤身のコクと風味がしっかり感じられる。肉質は柔らかく非常にきめが細かいため、さっと焼いて舌に乗せると非常に滑らかな食感を味わえる。ただし真ん中の筋があるので薄切りが適しているだろう。1頭から5kgほどしか取れないことも相まって人気の高い希少部位だ。

Beef Column
0003　　牛肉にも"旬"はあるの？

　春のタケノコ、秋のサンマ……。日本人は季節の訪れを食卓で感じ、旬の食材を楽しむことをこよなく愛する民族だ。では質問。果たして牛肉に"旬"はあるのだろうか？

　一年を通して食べられる牛には季節感がないように思えるが、実はいちばんおいしいのは冬なのだという。その理由は簡単。夏場は牛も暑さで食欲が減退し、体が細くなってしまう。一方冬は寒さに耐えるため、沢山食べて体に脂肪を蓄えるのだそう。したがって冬に出荷される牛肉の方が脂がたっぷりとのっていて美味いという訳なのである。

　しかし一般的には焼肉といえば夏、というイメージが強いだろう。グルメ雑誌や情報番組などもこぞって「夏だ！スタミナだ！」と焼肉を特集する。ビールやハイボールに合うのも夏を連想させるゆえんだ。その意味では焼肉という食べ物の旬は夏なのかもしれない。ともあれ焼肉好きとしては、今日はどうしても焼肉！　とカラダが求めているときが一番の食べ時だ、ということでよいのではないか。

牛
まえ

かた（うで）

牛
ロイン

牛
とも
バラ

牛
もも

牛
ホルモン

豚
肉

鶏
肉

1頭からわずかしか取れない希少な赤身肉

ウワミスジ

英名 Portion of Shoulder Clod

焼き方指南

赤身の味が濃いので、6~7mmにカットし、
両面を強火でさっと焼き、ワサビ醤油がオススメ。

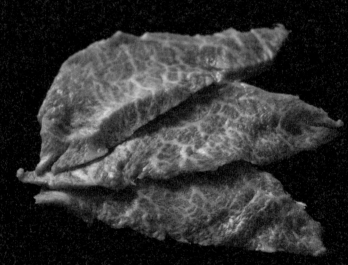

👁 Detail Check!

ミスジを半分にしたような形状。
肉質はきめ細かく、細かいサシが全体に行き渡る

🐄 DATA	希少度	★★★★☆	価格	★★★☆☆
	脂	★★☆☆☆	硬さ	★★☆☆☆

特徴
- ▶ 「ミスジ(p.36)」の上部に位置する肉
- ▶ 赤身が強いが非常に柔らかい肉質
- ▶ 1頭から1kg前後しか取れない希少な部位

　その名の通り、「ミスジ(p.36)」の上部についている部位。形状も似ていて、ミスジを縦半分に切ったような形だ。ミスジに比べてサシが少なく赤身が強いが肉質は大変柔らかく、赤身肉が人気を博している昨今ではむしろこちらを推す声が強い。

　きめが細かく繊細な肉なので焼きすぎは厳禁。両面をさっと炙る程度で口に運べば、風味豊かな味わいと柔らかな食感を楽しめるはずだ。

　後味もさっぱりとしているのでいくらでも食べられてしまいそうだが、実は1頭から1kgほどしか取れない大変希少な部位。いただく際には焦らずじっくりと味わってほしい。

Beef Column 0004 　肉を極めたいなら炭よりガスで焼くべし！

　「焼肉は炭火で焼くにかぎる」というこだわりを持つ人は多い。実際焼肉店側も「炭火焼肉」とか「備長炭使用」という言葉を看板に掲げて炭火の魅力をアピールしている。しかし肉のプロに言わせると、肉そのものの味を極めたいならば炭よりもガス火で焼いた方がよいのだという。

　炭火の魅力は沢山あるが、主なものとしては遠赤外線によってふっくらと肉が焼けること、燻煙効果で肉に香ばしさがプラスされることなどがあげられる。しかし、

逆にそれらの効果があるゆえに肉そのものの味が隠れてしまう。肉が本来持つ香りや旨み、そして硬さも含めた食感の違いなどを楽しむのであればガス火で焼いた方が分かりやすいというのだ。ウワミスジのように繊細な部位だとなおさらなのではないだろうか。

　ガスより炭火だと思っていた方も次回は敢えてガス火の焼肉店を訪れて違いを味わってみてはどうだろう。同じ部位でもいつもとは異なる魅力を発見できるかもしれない。

赤身と細かなサシとのバランスが絶妙

肩サンカク

別称 クリ／クリミ
英名 Shoulder Clod

焼き方指南　コザシで甘みを味わう部位。6〜7mmにカットし、両面強火でさっと焼き、焼肉のタレでいこう。

👁 Detail Check!

上質なものは鮮やかな赤色と細かな
サシのコントラストが非常に美しい

🐄 DATA	希少度	★★☆☆☆	価格	★★★☆☆
	脂	★★☆☆☆	硬さ	★★★☆☆

特徴
▶ 肩から前脚上部にかけての三角形状の部位
▶ 赤身が強いが上質なものは細かいサシが入る
▶ 別名の「クリ」は形状が似ていることに由来

　肩から前脚上部にかけての部位。少し丸みを帯びた三角形をしているところから肩サンカクともクリとも呼ばれる。

　非常にきめの細かい肉質で、上質なものになると細かなサシ（食肉業界では「コザシ」という）が全体的にびっしりと入る。赤身の発色もよく、濃い赤色とコザシの白色とのコントラストが美しい。

　歯ごたえは意外としっかりしているが、味わいはさっぱり。赤身のクセも脂の甘さもそれほど強く感じず、程よい風味があってさわやかな食後感が心地よい。派手さはないがバランスのよい、いわば通好みの部位といえるだろう。焼肉のほか、ステーキやすき焼きにも適している。

Beef Column
0005 「和牛」と「国産牛」ってどう違うの？

　普段何気なく目にしている「和牛」と「国産牛」という表示。この2つの違いをご存じだろうか？
　「和牛」は牛の種類を表す。一番有名な「黒毛和種」に「褐毛（あかげ）和種」「日本短角種」「無角和種」、そしてそれら4種間の交配により生まれた牛を「和牛」という。一方「国産牛」は読んで字のごとく日本国内で肥育された牛のこと。こちらは牛の種類を問わない。つまり産地を表しているという訳なのだ。
　では「外国産の和牛」もあるの

か？　実は農林水産省のガイドラインでは日本国内での出生および飼養も「和牛」表示の条件となるので、日本で流通している和牛はすべて「国産」だということになる。ところが海外ではオーストラリア産やアメリカ産などの「外国産和牛」が多く見られる。これらは和牛と海外種の交配だったり、肥育方法も日本とは大きく異なるものだったりする。日本が世界に誇る「和牛」ブランドを守るため、世界的な和牛表示の統一が待たれるところだ。

赤肉の旨みを凝縮したような味わい

トウガラシ

別称 トンビ
英名 Chuck Tender

焼き方指南

ザ・赤身。少し厚めの8〜9mmにカットし、両面中火でゆっくり火を入れる。ワサビ醤油がオススメ。

👁 Detail Check!

柔らかできめの細かい赤身肉。
サシは殆ど入らない

DATA	希少度	★★★★★	価格	★★☆☆☆
	脂	★☆☆☆☆	硬さ	★★★☆☆

特徴
► 「ミスジ(p.36)」の隣にあるトウガラシ形状の肉
► 赤身が強く、もも肉に似た肉質
► ローストビーフやたたきなどに適している

かた(うで)の一部で肩甲骨の近く、「ミスジ(p.36)」の隣に位置する部位。名前の由来は部位の形がトウガラシに似ているところから来ている。

サシがあまり入らない見た目からも分かる通り、赤身のコクが強く感じられる味わい。肉質はきめ細かいとまではいえないがそこまで硬くはなく、噛めばほのかな甘みがじんわりと広がる。うでの部位なのにまるでもも肉のような風合いがあり、赤身好きにはたまらない部位といえる。

一般的には焼肉よりもローストビーフやたたきに適しているとされる。希少な部位なので見かけたらまずは試してみてもらいたい。

Beef Column 0006 実は結構まちまち!? ブランド牛の定義とは

「当店は○○牛を使用」などと謳われると間違いなく美味しいような気がしてしまうもの。現在日本には150以上ものブランド牛があるといわれるが、その定義に関しては項目も基準もまちまちだということをご存じだろうか?

例えば品種については「黒毛和種」に限定しているものもあれば「和牛かF1(和牛とホルスタインの交雑種)」としているものも。逆に品種を黒毛和種とした上で、その血統や性別まで指定しているものもある。

また、ブランドによっては「生後○ヵ月以上」と肥育期間を定めていたり、肥育地域をかなり狭い範囲で指定していたりする場合もある。一方で期間には特に言及していないものや、「○○県内」という具合に広範囲の地域設定をしているものも存在する。

格付け(p.26参照)についても同様で、肉質等級のみに基準があるもの、肉質・歩留等級ともにあるものなど様々だ。ブランド牛といってもモノによっては品質に若干の幅があると思った方がいいだろう。

特上カルビにも使われるバラ肉の最高峰

サンカクバラ

英名 Chuck Rib

焼き方
指南

特上カルビ。見た目がゴージャスな高級部位は、少し厚めの9～10㎜にカットし、タレを絡めて、強火でサッと焼こう。

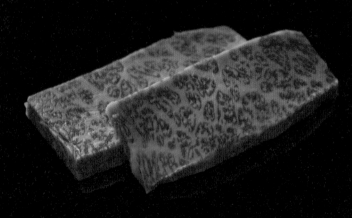

👁 **Detail Check!**

堂々とした網の目状のサシが
全面に力強く行き渡る

🐄 DATA	希少度	★★★☆☆	価格	★★★☆☆
	脂	★★★☆☆	硬さ	★★☆☆☆

特徴

▶ 肋骨の上部1/3ほどの周辺にある肉
▶ はっきりとしたサシが入る柔らかな肉質
▶ 「上・特上カルビ」として提供する店も多い

肩バラの一部。バラはあばら骨まわりの肉の総称だが、その中で体前方1/3ほどの部分、もっと細かくいえば第一〜第六肋骨周辺の肉をサンカクバラと呼ぶ。名前の通り、大きな三角形をした部位だ。

網の目状のサシが全体的にしっかりと行き渡るのが特徴で、見た目も味わいもゴージャスな高級部位。しっかりと焼き目をつけて食せば脂の甘い香りが鼻腔をくすぐり、それを追ってジューシーな肉汁がたちどころに口中いっぱいに溢れる。バラ肉ならではの適度な歯ごたえも相まって高い満足感を得られる肉だ。焼肉店ではカルビ、それも上や特上といった呼び名で提供されることが多い。

Beef Column
0007 焼肉メニューの「カルビ」ってどこの部位？

焼肉店で不動の一番人気メニューといえばカルビだろう。しかしこの本には「カルビ」という部位は一切出てこない。では、カルビとは一体なんなのだろうか？

もともとカルビは韓国語で「あばら」の意味。従ってあばら骨まわりの肉である「サンカクバラ」や、ともバラに含まれる「タテバラ(p.64)」「ササニク(p.66)」などがカルビとして使われることが一般的だ。しかし焼肉店ではいつしか「カルビ＝脂がたっぷりのった肉」という共通認識が出来上がり、そ

うした肉であれば部位を問わずカルビという名で提供することも珍しくなくなった。店によってはもも肉やリブロースの一部などをカルビとして出しているところさえある。

ちなみにロースの表示問題(p.35コラム参照)とは異なりカルビという言葉は食肉小売の世界では使われないので、優良誤認には当たらないとして表示に関する指導は行われていない。つまり「カルビ」とは部位名ではなくメニュー名なのだと理解しよう。

牛 まえ

肩バラ

牛 ロイン

牛 とも バラ

牛 もも

牛 ホルモン

豚 肉

鶏 肉

硬い肉質だが滋味深い味わい

ブリスケ

別称 コウネ
英名 Brisket

見た目から歯応えがあるブリスケは薄く3〜4mm
にカットし、両面強火でサッと焼いて、ポン酢で
食べるのがオススメだ。

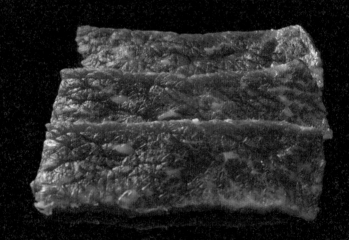

👁 Detail Check!

いかにも歯応えがありそうな肉質。
サシはほとんど入っていない

DATA	希少度	★★★★☆	価格	★★★★☆
	脂	★★★★☆	硬さ	★★☆☆☆

特徴
- ▶ 両前脚の間にあたる部位
- ▶ 肉質は硬め、脂が塊で付いている
- ▶ 広島などでは「コウネ」の名でポピュラー

「サンカクバラ（p.44）」の下側で、ちょうど牛の両前脚の間にあたる部位。肉質は硬く、サシはほとんど入らない。ただし凝縮された赤身の滋味深い味わいがあり、噛めば噛むほど旨みが染み出てくるような肉だ。

通常はシチューなどに使われることが多く、焼肉店ではあまり見かけない。ただし広島などでは「コウネ」という名でたいていの焼肉店に置かれている。外側に付いた脂の塊ごとスライサーで薄く切って供されるのが定番のスタイルだ。また韓国料理店で「チャドルバギ」の名で提供されているのもこのブリスケ。こちらも同じように薄くスライスされている。どこかで見かけたらオーダーしてみよう。

Beef Column
0008 カットで分かる、冷凍肉の見分け方

食通に言わせると肉は冷凍保存しない方が美味しいそうだ。肉自体の香りや旨みが薄くなる、張りが失われるなどが理由だそう。では、一般の消費者が冷凍した肉かどうかを見分ける方法はあるのだろうか？

最も簡単なのはカットの薄さ。冷凍していない肉を手で薄く切るのは非常に難しい。従って2mm以下の薄切りならばまず冷凍していると思って間違いないという。よくありがちなのは「タン先（p.100）」を薄くスライスしたもの。ブリスケも硬い肉なので極薄スライスで提供される場合が多い部位だ。

ただし近年は急速冷凍などの技術も格段に進歩しているし、保存期間を長く取りすぎない、低温で解凍するなどきちんとした手順を踏めば劣化は最小限にとどめられる。またすき焼き店やしゃぶしゃぶ店でも薄くスライスした肉を使っているが、肉の味に問題があるという訳でもない。冷凍＝まずいと決めつけるのは性急だろう。あくまでひとつの目安として覚えておこう。

牛—ロイン

リブロース

リブロース芯　　　リブカブリ　　　マキ

サーロイン

サーロイン

ヒレ

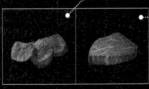

ヒレ　　　シャトーブリアン

ステーキ等でお馴染みの「牛肉の王道」

「ロイン」は牛の背中から腰にかけての部分で、「リブロース」「サーロイン」「ヒレ」から構成される。

これらの部位は一般的に牛肉の中で最も価値があるとされ、高値で取引されるところだ。ステーキハウスでも必ずメニューに載っているし、すき焼き店やしゃぶしゃぶ店などでも目にする名前だから知っている方が多いだろう。

それだけに味の良さは折り紙付き。和牛ならではの脂の甘みや滑らかな食感、柔らかな歯応えが存分に楽しめる。まさしく王道と呼ぶにふさわしい味わいだ。近年は高級レストランだけでなく焼肉店でも置いてあることが増えてきたので、高級部位とはいえ多少気軽にトライできるのではないだろうか。

美しい霜降りと滑らかでとろける舌触り

リブロース芯 英名 Rib Eye Roll

焼き方
指南

ザ・ステーキ肉でとろけるような食感。
贅沢に15~17mmにカットし、中火でゆっくり
火入れし、塩orワサビ醤油で味わいたい。

👁 Detail Check!

リブロースの中心部で、盤面は丸い形状になる。
美しいサシとロースらしいきめ細かな肉質

🐄 DATA	希少度	★★★★☆	価格	★★★☆☆
	脂	★★★★☆	硬さ	★★★☆☆

特徴
- ▶ リブロースの中心部分にあたる肉
- ▶ きめが細かく上品な肉質
- ▶ この部位だけを取り出すのはかなり贅沢

　リブロースの中心にあたる部分。一般的にリブロースは「マキ（p.54）」、および「リブカブリ（p.52）」を分割せずに提供することが多い。部位を細かく分けるほど、間にある筋や脂を落とさねばならず、手間がかかる上に歩留まりが悪くなるからだ。その意味でリブロース芯は非常に贅沢な部位といえる。

　そんな肉だけにきめの細かさ、発色のよさ、サシの美しさとどれをとっても文句なし。歯応えも柔らかく、とろけるような食感と和牛ならではの脂の甘みを存分に味わえる。まさにロース肉のよさを凝縮したような部位だ。焼肉、ステーキ、すき焼きといずれも文句なしの感動を与えてくれるはずだ。

おすすめ! ご当地つけダレセレクション①

 青森　県内では知らない人がいないと噂の絶品たれ

スタミナ源たれ

　自社製造の醤油に、特産のりんご、にんにくなどの生野菜をすりおろして仕込み、口当たりの良さと深い味わいを実現。たっぷりつけて食べれば、にんにくと共に、ほんのりしょうがの風味も鼻に抜け、口福感に包まれる。野菜炒めなど様々な料理にも使える万能たれだ。

スタミナ源たれ
410g　450円
上北農産加工株式会社
問0176-23-3138
https://knktare.com/

 東京　人気の焼肉専門店の味を家庭でも味わえる

叙々苑 焼肉のたれ〈特製〉

　下味つけ用の「もみだれ」と、焼いた後につける「つけだれ」をブレンド。もみこんでよし、つけてもよし。肉の旨みを引き立てるほどよい甘みが、お店同様、家庭でも楽しめる。焼肉のたれは〈甘辛〉や塩だれもあり、各種取り揃えて味比べをしてみるのもオススメ。

叙々苑 焼肉のたれ〈特製〉
240g　600円
株式会社ジェーオージェー
0120-66-2989
（平日10:00～18:00）
http://store.shopping.
yahoo.co.jp/joj/

牛
ま
え

牛
ロ
イ
ン

リ
ブ
ロ
ー
ス

牛
と
も
バ
ラ

牛
も
も

牛
ホ
ル
モ
ン

豚
肉

鶏
肉

リブロースの中でも特に脂の乗りがよい部位
リブカブリ

別称 リブキャップ
英名 Lifter Meat

焼き方
指南

濃厚で甘みがある。厚めの9~10mmにカットし、
強火でじっくり焼いてワサビ醤油かポン酢で。

👁 **Detail Check!**

平べったい形状が特徴的。サシが強いものは
全体が白っぽく見えるほどの霜降りに

⭐ DATA	希少度	★★★★☆	価格	★★★☆☆
	脂	★★★★☆	硬さ	★★☆☆☆

特徴
▶ 「リブロース芯（p.50）」上部に位置する肉
▶ サシが強くこってりと濃厚な味わい
▶ リブロース芯と分割せず提供されることも

　リブロースの一部で、「リブロース芯（p.50）」にかぶさるように位置する肉。平べったく薄い形状をしている。この部位を分割せず、リブロース芯や「マキ（p.54）」と一緒にカットして「リブロース」として提供する方が一般的だ。

　ロイン肉の中でも特にサシが強く入り、和牛のA5ともなれば遠目だとほとんど白色に見えるほど。味もこってりと濃厚で甘みが強く、インパクトのある部位だ。脂の質によっては少しくどいと感じてしまうかもしれない。厚めのカットで提供されたらじっくりめに焼いて適度に脂を落とし、ワサビ醤油かポン酢あたりでさっぱりといただくのがよいだろう。

Beef Column 0009　夏はバラ、冬はロースが高値に!?　牛肉相場のハナシ

　牛肉は四季を問わず安定して供給されており、枝肉価格も一年を通して大きく変動することはない。しかし部位に関しては季節で相場が変わるという面白い現象が起こっている。具体的には夏はバラ肉が、冬はロース肉の値段が高くなるという。

　理由は市場のニーズにある。夏になるとスタミナ食として焼肉人気が高まり、焼肉向きの部位であり主にカルビとして提供される「ともバラ」の需要が増える。一方冬場はすき焼きやしゃぶしゃぶなど鍋が恋しい季節。また年末年始の贈答品ニーズもあり、それらによく使われるリブロースをはじめとした「ロイン」の価格が高騰するというのだ。

　ところが枝肉全体の価格はあまり変わらない訳だから、逆にいえば夏はロース肉が、冬はバラ肉が比較的リーズナブルに出回るということになる。季節感ある肉料理もよいが、敢えて逆張りで美味しい牛肉をお得にいただくのもかしこいやり方だ。さて今日は焼肉かすき焼き、どちらにしましょうか？

牛 まえ

牛 ロイン

リブロース

牛 ともバラ

牛 もも

牛 ホルモン

豚 肉

鶏 肉

肉繊維がほどけるような食感と濃厚な旨み

マキ

別称 フカヒレ
英名 Portion of Rib Eye Roll

焼き方
指南

歯応えが大きな魅力の部位は、12〜14mmに
カットし、トリュフ塩、トリュフ醤油が相性good。

👁 **Detail Check!**

リブロース芯を巻き込むような
「へ」の字形状が特徴

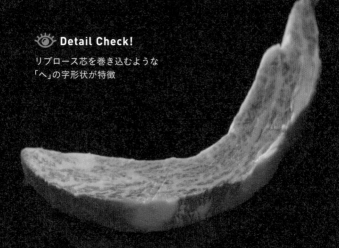

🐄 DATA	希少度	★★★★☆	価格	★★★☆☆
	脂	★★★★☆	硬さ	★★☆☆☆

▶ 「リブロース芯(p.50)」横に位置する"へ"の字形の肉
▶ 柔らかな肉質とサシの濃厚な旨み
▶ リブロース芯と分割せず提供されることが多い

リブロースの一部で、「リブロース芯(p.50)」の横に位置する肉。ちょうど芯を巻き込むような「へ」あるいは「く」の字形をしていることからこの名で呼ばれる。こちらも通常は「リブロース」としてリブロース芯や「リブカブリ(p.52)」と一緒にカットされることが多い部位。マキだけで食べるのはかなり贅沢な食べ方だといえる。

リブカブリ同様、サシが大きく入りジューシーで濃厚な味わい。ただし比較するときめはやや粗めであり、噛みしめると肉繊維がほどけていくように感じられるのが面白い。リッチな旨みと並んで、この歯ごたえもマキの大きな魅力のひとつである。

Beef Column
0010 美肌効果にダイエット効果も!? 牛肉の効能

食べると太りそうなどとマイナスイメージを持つ方も多いが、牛肉は沢山の栄養素が豊富に含まれた優秀な健康食品だ。代表的なものには体をつくる必須アミノ酸や貧血を防ぐ鉄分、皮膚の老化を予防するビタミンB₂や免疫力を強化するビタミンB₆などがある。

ほかにも、牛肉に多く含まれるステアリン酸は動脈硬化を予防してくれるHDL(善玉)コレステロールを増やす働きがあるといわれている。さらに脂肪の燃焼を促す作用があるとしてサプリメントにも

使われているカルニチンも含まれている。肉を食べてダイエットや動脈硬化予防なんて、ちょっと不思議だが夢のような話ではないか。

また、近年注目を集めているのはアラキドン酸。こちらは満足感や幸福感をもたらす脳内物質アナンダマイドを生成する。牛肉を食べると幸せになることには科学的にも理由があったという訳だ。

もちろんどんな食品にもいえるように食べ過ぎは禁物。適量の牛肉を定期的に食べて心も体も健康になろう。

牛肉界の王様、不動の四番打者

サーロイン

英名 Striploin

焼き方指南

晴れの日の定番。20mmにカットし、
両面じっくり焼いてミディアムレアに。
特製ソースを作って食べてみるのもいい。

👁 Detail Check!

肉厚な盤面全体にまんべ
んなく走る美しいサシ。
圧倒的な存在感

⭐ DATA	希少度	★★☆☆☆	価格	★★★★☆
	脂	★★★★★	硬さ	★★☆☆☆

▶ リブロースとつながる、腰に近い部分の肉
▶ 適度な歯応えと美しいサシのバランスが見事
▶ ステーキやすき焼きなどで圧倒的な人気

　牛の背中から腰のあたりにかけての肉。肉のことをあまり知らない人でも聞いたことがあるはずの、牛肉の代名詞的な部位だ。近年は焼肉店でもしばしば目にするようになったが、主にステーキハウスやすき焼き屋などの高級飲食店で活躍している。

　サシをたっぷりと含んだきめ細かな肉質で、口に含めば和牛の風味と脂の甘みが力強く広がり、心地よく鼻腔を抜けていく。筋もなく味が均質なので、噛んでいてもストレスや雑味をまったく感じない。

　英語圏で俗に「Steak Ready」とも呼ばれるように、カットすればそのままステーキに使える肉厚な形状も王者の風格をただよわせる。まさしく牛肉界の四番打者に相応しい存在だ。

Beef Column 0011 「Sirloin(サーロイン)」ナイトの称号を持つ肉

　牛肉の部位で圧倒的一番人気のサーロイン。英語では牛の背中から腰にかけての肉をロインと呼ぶが、そこに「Sir」というナイトの称号がつくおごそかな名の由来にはちょっと素敵なエピソードがある。

　時代は16世紀中盤。グルメとして知られていた当時のイギリス国王が、ある日の晩餐会で出されたステーキのあまりの美味しさに感激してコックを呼んだ。何の肉かを訊ね、ロインでございますとの答えを聞いた王は「ロインよ、汝にサーの称号を与える！」と高らか

に宣言したのだという。

　なかなかロマン溢れる話ではあるが、命名者の王様やその状況についても諸説あり、俗説だとする論が強い。正しいと思われるのは14世紀のフランス語『Surlonge(surは「〜の上に」、longeは「腰肉」の意)』から来ているという説。

　21世紀の今となっては正解がどちらかを確かめる術はないのだが、サーロインの堂々たる姿と高貴な味わいを口にすると、心情としてはつい前者の説を信じたくなってしまうというものだ。

さっぱりとした赤身なのにふわりと柔らか

ヒレ

別称 ヘレ
英名 Tenderloin

 肉の繊維がきめ細かな部位。12〜14mmに
カットし、弱火で両面じっくり焼いて、ポン酢で。

👁 Detail Check!

良質なものは落ち着いた小豆色の赤身で
肉繊維がきめ細かい

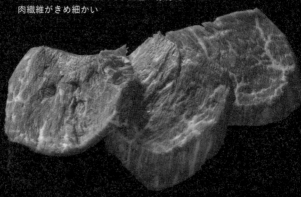

⭐ DATA	希少度	★★★★☆	価格	★★★★☆
	脂	★☆☆☆☆	硬さ	★☆☆☆☆

特徴
- ▶ 脊椎下部、腰のあたりに位置する肉
- ▶ あまり動かない筋肉なので赤身なのに非常に柔らかい
- ▶ クセのないさっぱりとした味わい

　牛の腰の奥のほう、脊椎の下部に沿っている細長い部位。ほとんど動かさない筋肉なので赤身なのに非常に柔らかく、クセがまったくないさっぱりとした味わいはこの部位ならではのもの。脊椎を挟んで反対側にある「サーロイン（p.56）」が肉の王様なら、こちらはさしずめ女王といったところか。

　良質なものになると肉繊維が非常に繊細できめ細かく、ビロードのようになめらかな舌ざわり。色は落ち着いた小豆色でしっとりとしている。火を通す際は肉にストレスをかけるようなやり方は厳禁。できるだけ弱火で慎重に焼き上げ、できればレア、よく焼きたい人でもミディアムレアくらいまでで食されたい。

おすすめ！ ご当地つけダレセレクション②

　秋田　横手自慢のふじリンゴで
味わい豊かな手作りのたれ

シバタ 焼肉のたれ

　特注の醤油や秋田産の野菜や果物など15種類以上の天然素材を使い、すべての工程が手作り。合成保存料や化学調味料は一切使用せず、一本一本丁寧に作られたたれは、ほどよい甘さがクセになるおいしさで、無限に食べられる。辛口・ごま味・生姜味もお試しあれ。

　宮崎　宮崎で愛され続ける
焼肉のたれと言えばこれ！

戸村本店の焼肉のたれ

　宮崎では知らない人がいないであろう戸村本店の焼肉のたれは、新鮮なリンゴとバナナを使った手作りの逸品。そのフルーティさゆえか、脂多めの部位もさっぱりと食べられる。もちろん赤身とも相性よし。万能調味料としても使えるので、県民ならずとも常備しておきたい一本。

シバタ 焼肉のたれ　甘口
300g　オープン価格
シバタ食品加工
問0182-42-2173
http://www.tareya.com

戸村本店の焼肉のたれ
200g　246円
戸村フーズ
問0987-22-2456
https://www.tomura.com/

きめ細かな肉質と高貴な香りの「肉の貴婦人」

シャトーブリアン

英名 Chateaubriand

無二の味わいの超希少高級部位。
20mmにカットし、全身全霊弱火でゆっくり
中心に火入れし、醤油でどうぞ。

👁 Detail Check!

肉繊維が非常にきめ細かく目が詰まったものが良質。
和牛ならばサシもうっすらと入る

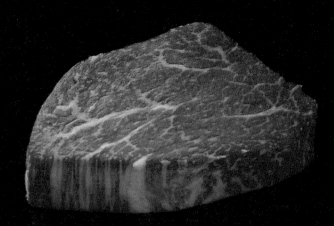

DATA	希少度	★★★★★	価格	★★★★★
	脂	★★★☆☆	硬さ	★☆☆☆☆

牛まえ
牛ロイン　ヒレ
牛ともバラ
牛もも
牛ホルモン
豚肉
鶏肉

特徴
- ▶ 「ヒレ（p.58）」の真ん中、最も肉質がよい部分
- ▶ 非常にきめ細かで柔らかな肉質
- ▶ 牛肉の中で最も高い値段のつく部位

　細長い形状の「ヒレ（p.58）」の中でも中心部分に位置する、最も肉厚で肉質がよい部分をこのように呼ぶ。フランス料理の世界ではここを含めてヒレを5つの部位に分けるが、このシャトーブリアンが最上の肉として扱われていることには変わりない。

　本来赤身のはずの部位だが、和牛のA5ともなると細かなサシがうっすらと入り、赤身の高貴な香りの中にわずかに脂の甘みが感じられる。舌触りはあくまで滑らかで、ひと噛みすれば全く抵抗のないふわりとした食感を残して溶けるように口中から無くなってしまう。まさしく唯一無二のこの味わいは、お財布と相談しつつ体験してほしい。

Beef Column 0012

肉を愛した文化人「シャトーブリアン」

　ヒレの最高級部位「シャトーブリアン」。肉の名称にしてはなんとも高貴な響きだが、これは実在した人物に由来した名だといわれている。

　その人物は、フランソワ=ルネ・ド・シャトーブリアンという。19世紀フランスの政治家であり、作家としても多くの著書を残す一方、美食家として知られる存在でもあった。彼がこよなく愛した食材がヒレ肉。特に中央付近の最も厚みがある部分を好み、料理人に命じてその肉を使ったステーキばか

りを作らせたことから、この部位に彼の名前がつけられたという訳なのだ。

　ちなみにシャトーブリアン氏の祖国フランスでは、フィレ肉（ヒレ）を「テート」「シャトーブリアン」「フィレ」「トゥルヌド」「フィレミニヨン」の5つに分けて使用する。わずか4kgほどしかない部位をここまで細分化する徹底したこだわりよう。さすがは肉の名称として後世に名を残すほどのグルメな人物を生み出した美食の本場だけのことはある。

牛—ともバラ

牛
まえ

牛
ロイン

牛
とも
バラ

牛
もも

牛
ホルモン

豚
肉

鶏
肉

外バラ

タテバラ　　　　ササニク　　　　インサイドスカート

中バラ

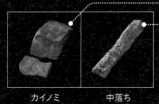

カイノミ　　　　中落ち

脂の甘さと適度な歯応えが焼肉に最適

「ともバラ」は牛のあばら付近、お腹側の部分で、大きく「外バラ」「中バラ」の2部位に分けられる。

脂がしっかり入り、適度な硬さの噛み応えを楽しめる肉質はまさしく焼肉向き。一方でステーキやしゃぶしゃぶなどの業態では扱いづらい肉質だったため、比較的安価で仕入れられたことも手伝って焼肉には欠かせない肉となっている。

一般的に焼肉店で「カルビ」として提供されているものは、このともバラのどこかを使っていることが多い。全体的には脂身が多く歩留まりが悪い部位でもあるが、その中に潜む美味しい肉を丁寧に切り出したり、隠し包丁で絶妙な歯応えに仕上げたりしてくれる料理人の職人技に感謝しつつ頂きたい。

牛 まえ

牛 ロイン

牛 ともバラ

外バラ

牛 もも

牛 ホルモン

豚 肉

鶏 肉

こってりと脂がのった濃厚な味わい

タテバラ

別称 タテ目
英名 Boneless Short Rib

脂の甘みが最強。少し厚めの7~8mmにカットし、タレをまぶし強火で焼き入れ、オン・ザ・ライス。

👁 **Detail Check!**

全体的に入るサシに加え、1本
の太い線のような脂が入る

🐄 DATA	希少度	★ ★ ★ ☆ ☆	価格	★ ★ ★ ★ ☆
	脂	★ ★ ★ ★ ★	硬さ	★ ★ ☆ ☆ ☆

特徴

▶ 外バラの前寄りに位置する部分
▶ 力強いサシと柔らかな食感、濃厚な味わい
▶ 焼肉店では「カルビ」として出されることが多い

あばら骨まわりの肉のうち体の外側半分(下半分)を外バラというが、その前方部分、つまり前脚寄りに位置する部位。バラ肉らしく全体的にサシが入っているが、それに加えて1本の太い線のように脂がまとまって入り込むのが見た目に特徴的だ。

味わいは脂、赤身とも濃厚そのもの。肉質もほどよく柔らかいので、ある程度厚めにカットして食するのが適しているだろう。一般的に焼肉といえば皆が連想するような、こってりとした脂の甘みと心地よい歯ごたえが楽しめる。焼肉店では通常「カルビ」として供されることが多い部位で、タレ味が非常によく合う。

Beef Column

0013 焼肉メニューの「上」「特上」はどう決めるの?

焼肉店で見る「上カルビ」「特上ロース」などのメニュー。この「上」「特上」の区分はどこから来るのだろうか? 結論からいえばお店が自主的に決めているというのが答え。同じ部位の中でよりサシが入っていたり、厚みがある部分を上とすることもあるが、部位で使い分けることもある。

一例を挙げると上・特上カルビに使われる部位としてはタテバラや「ササニク(p.66)」「サンカクバラ(p.44)」などが多い。脂がたっぷりのっているからとリブロースな

どのロイン部分を使う店もある。上・特上ロースについてはリブロースや「肩芯(p.34)」「ザブトン(p.32)」などがメインとなる。同じリブロースをカルビと呼ぶ店とロースと呼ぶ店があるのは何とも面白い。一方タンの場合は「タン先(p.100)」が並で「タン元(p.98)」に近づくほど上や特上といわれる。

どの部位をどんなメニュー名にしているかにもお店ごとの個性がある。このあたりも知れば知るほど興味深い焼肉の魅力だ。

牛
まえ

牛
ロイン

牛
ともバラ

外バラ

牛
もも

牛
ホルモン

豚
肉

鶏
肉

サシは多いが意外とあっさりと食べられる

ササニク

別称 ササミ
英名 Flank

焼き方
指南

ザ・カルビ。少し薄めの5~6mmにカットし、
タレをまぶし強火で焼き入れ、
オン・ザ・ライス。

👁 Detail Check!

肉繊維はやや粗めで、ざっくりと
したサシが全面に非常に強く入る

🐮 DATA	希少度	★★☆☆☆	価格	★★★☆☆
	脂	★★★☆☆	硬さ	★★★☆☆

特徴
▶ 外バラの後部寄りに位置する部分
▶ サシが多い見た目よりさっぱりとした味わい
▶ 焼肉店では「カルビ」として出されることが多い

　外バラの後部すなわち後ろ脚寄りに位置する肉。大振りなサシが肉全体に強く入り、肉の赤色よりも脂肪の白色の方が多く感じるほどだ。とはいえバラ肉らしい適度な歯ごたえと濃厚な味わいは健在。脂の甘みはもちろん強いが、見た目から受ける印象ほどにはしつこさを感じないので、ある程度厚みがあるカットで食したい。噛む度に溢れる肉汁に「これぞ焼肉!」と唸ること間違いなしだ。

　一般的な焼肉店では「カルビ」、「上カルビ」などの名前で提供されていることが多い。塩でもよいがやはりタレで、そして白いご飯と合わせるのが文句なしのベストマッチングだ。

Beef Column
0014　30ヵ月を超えた「年増牛」のとろける脂肪分

　黒毛和牛は通常700kg前後まで育てて出荷されるが、その肥育にかける期間は28ヵ月が一般的だ。長く育てるほどエサ代も手間もかかる訳だから、できるだけ早く大きくしたいのが生産農家の本音だろう。つまり28ヵ月とは和牛肥育の歴史が生み出した、最も効率的な肥育期間だといえる。

　一方で30ヵ月以上をかけてゆっくりと大きく育てていく方針の農家も一部に存在する。敢えて長い時間をかけたやり方をとるのは味のよい牛をつくりたいからにほか

ならない。特に注目しているのは脂の融点だそうだ。なんでも月齢30ヵ月を過ぎると一気に融点が下がって口どけのよい脂になるのだという。和牛ならではの柔らかさとサシの甘みは残しつつ、しつこくなくさっぱりとしたあとくちの牛肉に仕上がるという訳だ。

　和牛の世界では「年増」ともいえる月齢30ヵ月過ぎの牛のとろける脂肪分。一度食べたらあなたもその妖艶な魅力のとりこになってしまうかも!?

牛 まえ

牛 ロイン

牛 ともバラ

外バラ

牛 もも

牛 ホルモン

豚 肉

鶏 肉

👁 **Detail Check!**

ややほどけた感じの肉繊維と、
ある程度まとまって入っている
脂が特徴

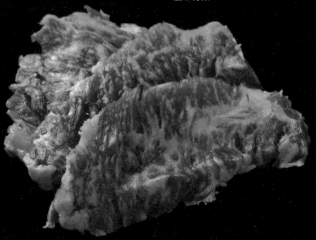

ハラミにも似た柔らかで旨みの強い肉

インサイドスカート

英名 Inside Skirt

焼き方
指南

噛めば噛むほど味わいある部位。
7~8mmにカットし、塩で味わいたい。

⭐ DATA	希少度	★★★★☆	価格	★★☆☆☆
	脂	★★★☆☆	硬さ	★★★☆☆

特徴
▶ あばらの内側を薄く覆うような形状の肉
▶ 横隔膜の根元部分につながっている
▶ 「ハラミ（p.102）」に似た、ざっくりとした歯応え

　あばら骨の内側を薄く覆うように位置している肉。牛肉の部位の中では珍しくアメリカ規格の呼び名がそのまま使われている。ちなみにそのアメリカでは「アウトサイドスカート」と呼ばれる「ハラミ（p.102）」とは隣り合わせに位置しており、正肉と内臓肉の違いはあるものの、見た目も食感もよく似ている。

　肉質はきめが粗く、大振りな肉繊維の中に脂がしっかりとかんでいる。カットする方向を間違えると噛み切りにくくなってしまうが、肉繊維に対して垂直に包丁を入れてやればざっくりとした歯ごたえと噛むごとに肉繊維がほどけていくような食感、そして脂の適度なジューシーさを楽しめる肉だ。

Beef Column
0015 　食用牛の世界は男子禁制!?

　あなたが今口にしている牛肉は雄（オス）か雌（メス）か？　なんて考えたことはあるだろうか。もちろん食べただけで判別するのは難しいが一つだけいえることがある。それはほぼ間違いなく「雄ではない」ということだ。

　食用牛の世界では雌の肉が美味しいとされる。雄に比べて肉質がより柔らかく、きめ細かで甘みがあり、脂の融点も低い傾向にあるのでくどさがない味わいだからだ。

　では雄の牛はというと、肉食用のものは全て早い段階で去勢され

てしまう。去勢すると雌ほどではないが肉質が柔らかくなり、かつ去勢していない雄に近い大きな体にも育つので高い値段で売れる。まさに両者の長所をミックスした牛肉になるのである。一方、去勢されずにいられるのは優秀な種牛になりそうだと判断されたごく一部だけ。それとて厳しい選抜試験が待っているイバラの道なのだ。

　かくも雄に厳しい和牛の世界。「牛に生まれなくて良かった」とホッと胸をなで下ろしている男性もいるのでは？

牛
まえ

牛
ロイン

牛
ともバラ

中バラ

牛
もも

牛
ホルモン

豚
肉

鶏
肉

バラ肉と赤身肉の良さを兼ね備えた肉

カイノミ

英名 Flap Meat

焼き方
指南

バラ肉の割には赤身でくどくない。
5~6mmにカットし、強火で両面
サッと焼き、タレで。

👁 Detail Check!

きめは若干粗いが柔らか
そうな肉繊維と適度に入っ
たサシのバランスが良い

 DATA

希少度 ★★☆☆☆	価格 ★★★☆☆
脂 ★★★★☆	硬さ ★★★☆☆

特徴
▶ バラ肉の内側で「ヒレ(p.58)」に隣接した部分
▶ 肉質は柔らかいがサシも適度に入る
▶ バラ肉の中では最も上品な肉質の部位

　中バラはバラ肉でも体の内側にあたる部分(外バラの上部に位置する部分ともいえる)。その中バラの後部、すなわち後ろ脚寄りにあるのがカイノミだ。

　バラ肉に属するが「ヒレ(p.58)」に隣接しているだけあり、互いの良いところを織り交ぜたような特徴を持つ。きめが細かいとまではいえないが柔らかな肉質の赤身で、霜降りは多すぎず少なすぎず。脂の濃厚な甘みがありながら決してくどくはない。他のバラの部位が持つ脂のキツいイメージとは一線を画す肉なのだ。その旨みは厚切りでこそ活かされる。一頭から4〜5kg程度しかとれない部位ではあるが、豪快に厚切りで食したい。

Beef Column
0016　実は日本生まれだった!?　焼肉文化発祥論

　今やカレーや寿司と並んで国民食ともいえる人気の焼肉だが、その成り立ちは意外と知られておらず、正確な情報に乏しいのが実情だ。

　一般的に「焼肉は戦後、在日韓国・朝鮮人の間から広まった」とするのが通説だが『焼肉の誕生』(雄山閣)によればこれは誤り。1930年頃に朝鮮半島から持ち込まれた「味付け肉を店員が焼く」カルビ店と、当時日本で流行していた「客が焼くスタイル」のジンギスカンが融合して焼肉店が誕生したという。何と焼肉は日本生まれだったのだ。

　その後焼肉は日本と韓国で相互に影響しながら発展した。日本式焼肉の特徴はあらかじめ食べやすくカットされ美しく盛られていること、正肉・内臓を含め様々な部位を色々なタレや味付けで食べることなどが挙げられる。

　海外にある焼肉店では看板に「ジャパニーズBBQ」「コリアンBBQ」と明記していることが多い。両者は別ジャンルとの認識なのだ。日本食が世界中で賞賛される今、日本人こそ焼肉を再度見つめ直す必要があるのかもしれない。

👁 **Detail Check!**

粗めの肉繊維の間に大きく
脂が入る。肋骨の間にある
部位なので細長い形状

しっかりした噛み応えと脂の甘みが特徴

中落ち

別称 ゲタ
英名 Rib Finger Meat

厚めに切り、肉の味わいを噛み締めよう。
8〜9mmにカットし、タレをまぶし強火でじっくり。

牛 まえ
牛 ロイン
牛 ともバラ
中バラ
牛 もも
牛 ホルモン
豚 肉
鶏 肉

🐮 DATA	希少度	★★☆☆☆	価格	★★☆☆☆
	脂	★★★★☆	硬さ	★★★★☆

特徴
- ▶ あばらの骨と骨の間にある肉
- ▶ 甘みのある脂と適度に噛み応えのある肉質
- ▶ いわゆる「骨の近くの肉」らしい旨みがある

あばら骨の間の肉。別称の「ゲタ」は、骨を抜いた跡の凸凹がゲタの歯のように見えるところから。この歯の部分を切り出すと、写真のように細長い棒状の肉になる。

肉質は粗くやや硬めだが、脂がしっかりと入りこむので適度な咀嚼でほぐれてくれる。味わいは濃厚であり、肉を噛みしめる喜びとコクのある風味が味わえるのが特徴。俗に「骨の周りの肉がいちばん美味い」などというが、まさしくそれを地でいく部位であり、焼肉には最適の部位だともいえる。味付けはもちろんタレが合う。じっくりと焼いて脂の甘みを引き出し、ライスと一緒にガッツリと食べるのがお勧め。

Beef Column 0017

焼肉に向くのは「A5」よりもむしろ「A4」の牛肉⁉

近年焼肉店でも「A5」「B4」といった専門用語を当たり前に見かけるようになった。これらはp.26でも解説している通り、「歩留等級」と「肉質等級」を表している。このうち肉質等級については1から5まであり、最も良い5等級の肉は一言でいえばかなりの霜降り肉だということになる。当然最も評価の高い「A5」の和牛を取り扱っている店では声高にその事実を謳い上げているのだが、実は肉のプロの感覚からいうと焼肉に向いているのは5等級よりもむしろ4等級

くらいの肉だという。

焼肉は基本網焼きなのである程度脂が乗った肉が合うのだが、多過ぎるとどうしてもくどくなりがちだ。すき焼きやしゃぶしゃぶのように少量の肉を野菜と一緒に食べるのならば良いが、肉メインでガッツリと食べるならば脂が少なめの方が適していると考えられるのだ。

しかも近年の赤身人気により、これから先はA4よりも更に脂肪分が少ないA3を好む方が増えてくるかもしれない。

牛
まえ

牛
ロイン

牛
とも
バラ

牛
もも

牛
ホル
モン

豚
肉

鶏
肉

牛—もも

ランイチ

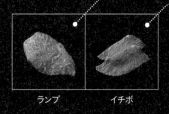

ランプ　　　　　　イチボ

うちもも

ウチモモ

そともも

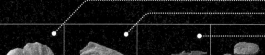

シキンボ　　　ナカニク　　　ハバキ　　　センボン

しんたま

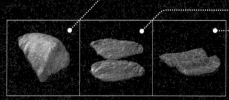

トモサンカク　　　シンシン　　　カメノコ

近年急速に人気が高まる「赤身肉」の宝庫

「もも」は牛の後ろ半身にあたる部分。「ランイチ」「うちもも」「そともも」「しんたま」「すね」の5つの部位で構成される（すねは焼肉にはあまり使われないのでこの本では省略）。

全体的な特徴としてはサシが少なく赤身が強い肉質である。それゆえにかつては薄くスライスしたり煮込み料理にしたりと

いう使われ方が多かったが、近年の赤身肉人気に伴って、焼肉店でも定番のごとく見かけるようになった。一見似たような部位が多いが、コクのあるものやあっさりしたもの、中には意外と柔らかな肉もある。これらの微妙な食感や味わいの違いを楽しめるようになれば、あなたももう「牛肉通」の仲間入りだ。

牛 まえ

牛 ロイン

牛 ともバラ

牛 もも

牛 ホルモン

豚 肉

鶏 肉

ランイチ

適度なサシと赤身の濃厚な旨み

ランプ

別称 ラム
英名 Top Sirloin (Rump)

焼き方指南

濃厚で肉々しい赤身。
焼き過ぎ注意。8~9mmにカットし、
中火でサッと焼き、ワサビ醤油でどうぞ。

👁 **Detail Check!**

サーロインにも近い盤面の形
だが赤身が強くやや粗い肉質

🐄 DATA	希少度	★★☆☆☆	価格	★★★☆☆
	脂	★★☆☆☆	硬さ	★★☆☆☆

76

特徴
- ▶ 「サーロイン (p.56)」とつながるお尻部分の肉
- ▶ 適度なサシともも肉の赤身が同居
- ▶ ステーキなどでも人気を誇る部位

牛の腰からお尻にかけての部分。英語名に「Top Sirloin」とあることから察しがつくかもしれないが、高級肉の代名詞である「サーロイン (p.56)」からつながっている部位である。

従ってももに分類される肉でありながらも適度にサシが入る滑らかな肉質を持ち、かつ赤身の良さも同居しているので、濃厚でいかにも肉らしい味わいと歯ごたえが楽しめる。派手さはないが、脂が多すぎるのが苦手な向きからはむしろこれくらいがちょうどよいという声も聞こえるほどだ。焼肉はもちろんステーキでも人気の部位。いずれの食べ方でも厚切りがこの肉の魅力を最もよく引き出してくれる。

Beef Column 0018

「腐りかけが美味い」はホント？　熟成と腐敗の違い

肉を数週間〜数ヵ月寝かせてつくる熟成肉。この話題になるとよく出るのが「肉は腐りかけが一番美味しい」という言葉。これは果たして本当なのだろうか？

当然のことだが熟成と腐敗は全く異なる。熟成（エイジング）とは、牛肉自体が持つ酵素の働きにより肉が柔らかくなり、タンパク質が分解されてアミノ酸などの旨み成分に変わることをいう。上手に熟成させた牛肉は旨みや風味が格段に増す上に熟成香と呼ばれるナッツのような独特の香りをまとう。

一方腐敗とは、主にタンパク質などの有機物が微生物によって分解されることをいう。人体にとって有害な物質が発生し悪臭を放つのが特徴だ。

問題なのは時間の経過とともに両者が同時に進行してしまう恐れがあること。よい熟成肉をつくるためには温度や湿度を一定に保つ、肉に傷をつけないなど細心の品質管理と熟練の技が求められるのだ。素人がまねごとで熟成に手を出すようなことは止めておいた方がよいだろう。

ほどよく脂肪が入った肉々しい赤身

イチボ

英名 Culotte

焼き方指南 サシとモモ肉特有のバランスがとれた部位。
4~5mmにカットし、強火でサッと焼き、甘ダレで。

👁 Detail Check!

濃い赤身肉のベースに
霜降りが綺麗に入った盤面

牛 まえ

牛 ロイン

牛 とも バラ

牛 もも　ランイチ

牛 ホルモン

豚 肉

鶏 肉

🐮 DATA	希少度	★★☆☆☆	価格	★★★☆☆
	脂	★★★☆☆	硬さ	★★★☆☆

特徴
- ▶ 牛のお尻の骨（臀骨）周辺の肉
- ▶ サシも入るがややきめの粗い赤身
- ▶ 名の由来は臀骨のH型（エイチボーン）から

「ランプ（p.76）」と隣り合わせに位置し、そとももにつながるお尻部分の肉。名前の由来は牛の臀骨がH型をしているところからで、「H-bone（エイチボーン）」と呼ばれていたのが訛って「イチボ」となったそうだ。

肉質はランプに比べるとややきめが粗く、歯を立てると若干の硬さと共にところどころに繊維を感じる。その分風味が濃厚で赤身らしい肉々しさがある上、サシが入りやすい部位なので焼肉には最適だといえる。その他、綺麗な霜降り模様を活かしてしゃぶしゃぶやすき焼き用の薄切り肉にされることも多い。いずれの食べ方でも深みのある味わいが楽しめる。

Beef Column 0019　実は乳牛上がりが主流の「熟成肉」の世界

昨今何かと話題の「熟成肉」だが、その手法以外にも注目したいポイントがある。それは熟成する牛の種類（品種）についてだ。

一般的に食されている牛肉には食用に育てられた和牛やF1（交雑種）のほかに、もとは乳牛だったものの年を取ってミルクが出なくなってしまった牛や、繁殖用の母牛が同じく年齢を重ねてその役目を終えたものなども含まれる。通常これらの牛肉は脂肪分が少なく肉質も硬いことからどうしても商品価値が低い。したがって低価格で取引されてひき肉や加工肉として消費されることが多いのだ。

しかしドライエイジングなどの熟成技術を用いれば、肉が柔らかくなる上に赤身が持つコクの深さや旨みが増す。この効果はむしろサシが少ない肉の方が大きく出る。つまり乳牛や経産牛こそが熟成によって活きる肉なのだ。

熟成肉人気の今だからこそ、年齢を重ねてきた牛たちの円熟の魅力に触れてみてはいかがだろうか。

脂肪が少なく柔らかな肉質の赤身

ウチモモ

別称 ウチヒラ
英名 Top Round

焼き方指南

クセのあまりない手頃な部位。
4~5㎜にカットし、強火でサッと焼き、
ポン酢でさっぱり食べるのもまたよし。

Detail Check!

肉厚なので大きな盤面が取れる。
典型的な赤身肉でサシはわずかしかない

DATA				
	希少度	★☆☆☆☆	価格	★★☆☆☆
	脂	★☆☆☆☆	硬さ	★★★☆☆

特徴
▶ 後ろ脚の付け根の内側部分の総称
▶ 牛肉の中でもっとも脂肪分が少ない
▶ 赤身で筋は少ないがきめはやや粗い

　牛の後ろ脚の付け根の内側部分にあたる肉。更に細かく「ウチモモカブリ」「コモモ」「オオモモ」の3つに分割することもある。牛肉の部位としては最も脂肪分が少ないとされるヘルシーな赤身だ。

　肉質は見た目の割には柔らかく、きめ細かいとまではいえないが筋ばった部分もあまりない。クセのなさに加えて価格が手頃なこともあり、スライスしてしゃぶしゃぶやすき焼きに利用する他、ローストビーフ、サイコロステーキ、ビフカツ、煮込み料理など幅広い用途に使われる。

　味わいは淡白で赤身の弾力を感じさせる歯ごたえ。焼肉ならばタレの力を借りて風味を補いつついただくのがオススメだ。

Beef Column
0020 注射でつくる霜降り肉「インジェクション」の功と罪

　牛肉の塊に何十本もの針で脂を注入すると、硬い赤身肉があっという間に霜降りに——。こう聞くと驚く方も多いだろう。しかし冷静に受け止めていただきたいのだが、脂や水などからつくる調味液を肉に注入する「インジェクション」は昔からハムの製造等でも用いられている手法。好き嫌いは別にして決して悪いものではない。また、そのままでは歯が立たないような硬い肉でも食べられるようにするエコな技術でもあるのだ。

　問題はこれが加工肉であることを表示しない、あるいは曖昧な表現にしている店が一部にあることだ。インジェクション加工肉は製造過程で細菌が内部に入る可能性があるため、中までしっかりと火を通す必要がある。また注入する調味液に乳などのアレルギー性物質が使われている場合もある。

　もちろん、ほとんどの店では「加工肉」であることをメニューに明記しているはず。消費者としては正しい知識を身につけて、自分の判断で選択できるようにしたい。

繊維質で弾力のある歯応えの赤身肉

シキンボ

別称 マクラ
英名 Eye of Round

焼き方指南

強い弾力感を感じる部位。4~5㎜にカットし、強火でサッと、焼きすぎ注意!! タレがオススメ。

Detail Check!

脂肪はほとんど入らず、肉色は薄い桃色。
肉質の硬さを連想させる

DATA				
	希少度	★★★☆☆	価格	★★☆☆☆
	脂	★★☆☆☆	硬さ	★★★★☆

特徴
- ▶ そとももの内側部分にあたる肉
- ▶ 肉質は硬めで弾力を感じる歯応え
- ▶ 薄いスライスやひき肉にして食べることが多い

　後ろ脚の外側部分である「そともも」は牛の体の中で最も筋肉が発達している場所。幾つかの部位に細分できるが、その中でも一番内側にあるのがシキンボだ。

　サシはわずかしか入らず、肉色は薄い桃色をしている。肉質は硬く、噛み締めると歯に強い弾力を感じるが、赤身の肉ならではの濃い味わいが楽しめると好む焼肉通もいる。

　一般的には焼肉よりも、薄くスライスしてしゃぶしゃぶ、すき焼きにしたり、ひき肉や煮込みといった用途に使われることが多い。それだけしっかりした歯ごたえの肉なので、焼肉で食べるときはくれぐれも焼きすぎないように、さっとあぶる程度で食したい。

Beef Column
0021　「一頭買い」の真の意味

　「一頭買い」。ここ数年焼肉店などでよく見かける言葉だが、その意味を詳しく知る人は少ないのではないだろうか。

　牛をと畜・解体した後、脊椎に沿って左右に分割した「牛半頭分」を枝肉と呼ぶ。この枝肉をまるごと買うのが一般的にいう一頭買いだ。中間業者や流通を省くことになるのでコストが抑えられるメリットがあるが、全ての部位の特性を知り、それぞれにあったカッティングや調理方法で無駄なく美味しく食べさせるにはかなりの知識と

技術が必要になる。また、牛肉の質は「割ってみないと分からない」ともいわれる。枝肉の段階で良い肉質だと見極めるには相応の目利き力も要求されるというわけだ。

　一方、中にはいろいろなパーツを買って「あわせて一頭『分』買い」にしている店や、いったん一頭分を買った後で使いにくい部位を引き取ってもらい、伝票のやりとりだけで「一頭買い」を謳う店もあるという。一頭買いという言葉だけに踊らされず、中身をしっかりと見極めた方が良さそうだ。

牛 まえ

牛 ロイン

牛 とも バラ

牛 もも

そともも

牛 ホルモン

豚 肉

鶏 肉

そとももの中では柔らかさがある赤身肉

ナカニク

英名 Outside Round

焼き方指南

赤身らしいコクがある部位。6~7mmにカットし、強火でサッと焼き、ワサビ醤油で食べよう。

👁 **Detail Check!**

きめの粗い肉質の赤身なので
薄切りで提供されることが多い

🐮 DATA	希少度	★★☆☆☆	価格	★★☆☆☆
	脂	★★☆☆☆	硬さ	★★★☆☆

特徴
▶ そとももの一番外側にあたる部分
▶ そとももの中では柔らかい方で歯切れもよい
▶ 脂肪がほとんどなくヘルシー

　そともものうちで一番外側にある部位。よく運動する筋肉だけあって脂肪がほとんど入らない赤身肉だ。ヘルシーだと好む向きもある一方、肉質は硬めで肉繊維のきめも細かくない。しかしそとももの部位の中では柔らかい方で、「シキンボ(p.82)」に比べると弾力がありながらも歯切れがよい食感である。味わいは濃く、じっくり噛んでいると赤身肉らしいコクのある旨みがにじみ出てくる。

　ほかのそとももの部位と同じくスライスしてしゃぶしゃぶ、すき焼き、あるいはローストビーフなどでの利用が一般的だ。焼肉でいただく場合は、火を通しすぎるとすぐに硬くなってしまうので、さっと焼きがオススメ。

Beef Column
0022 ロースターの種類で決める、通の焼肉店選び

　焼肉店を選ぶ基準はもちろん美味しさや価格がメインだろう。だが通はそれに加えてロースターの種類に着目し、TPOに応じたお店選びをしているのだ。

　例えば女性同士など、会話に夢中になりそうな面子ならばガス火がお勧め。火力が容易に調節できるから話が盛り上がってきたら火を弱めたりできる。服にニオイがつくのは避けたいだろうから無煙ロースターを、できれば会話の邪魔になる上引き(排煙ダクトがテーブルの上に下がっているもの)で

はないタイプの店を選ぼう。

　とにかく肉をガッツリ食べたいなら強い火力でテンポよく焼ける炭火がいい。ただし焼き加減が難しいから皆で集中して焼くか、トングを預けられる焼き奉行がいる時がベスト。炭火で焼いた肉は煙につつまれて燻されることで味わいが増すので排煙ダクトは上引き、もしくはダクトなしでもいいだろう。テーブルを囲む全員が楽しめるよう、メンバー構成や好みを踏まえ、ロースターの種類まで気遣いをしてこそ真の焼肉通というわけだ。

牛
まえ

牛
ロイン

牛
ともバラ

牛
もも

そともも

牛
ホルモン

豚肉

鶏肉

コクのある赤身なのに意外なほどに柔らか

ハバキ

英名 Heel Meat

 ソフトな歯応えのある部位。7〜8㎜にカットし、強火でサッと焼いてタレがオススメ。

👁 **Detail Check!**

深い赤色をした粗めの肉質で、
筋が多く走っているのが特徴

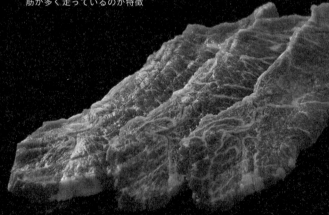

★ DATA	希少度	★★★★☆	価格	★★☆☆☆
	脂	★☆☆☆☆	硬さ	★★★☆☆

特徴

▶ そとももの一部でヒラメ筋などといわれる筋肉
▶ 赤身だが柔らかな食感が楽しめる
▶ 筋が多いので手切りだと手間がかかる

　そとももの一部で「ヒラメ筋」などと呼ばれる部分。そとももの部位の中では最も柔らかく、焼肉にも向いている。実際、サシの少ない見た目に反してソフトな歯応えで、それでいて赤身らしい深いコクはしっかりと感じられる。

　ただし取り扱いがなかなか難しい。肉質は柔らかいが筋が多く、肉を切り出す労力がかかる上に形状が不均一で見栄えもあまりよろしくないのだ。しかもこのハバキの中には「センボン（p.88）」という部位も入っており、それを取り出すとなると更に手間がかかる。それだけに提供している店は少ないが、一度体験したら病み付きになる人もいるほどの味わいのよさがある肉だ。

Beef Column
0023

グレインフェッドとグラスフェッド

　このコラムのタイトルを見て何のことかすぐにピンときた人は相当な牛肉オタクに違いない。グレインフェッドとグラスフェッド、これは牛を育てる際にどんなエサを与えるかを表している。グレインは主にトウモロコシなどの穀物、グラスは牧草のことだ。

　牛はもともと草を食べて生きる動物なので、その意味ではグラスフェッドはナチュラルな肥育方法だといえる。一方で栄養価の高い穀物飼料を与えると牛の体は大きくなり、日本人好みの霜降り肉に

なる。一般的に日本やアメリカではグレインフェッドが、ニュージーランドやオーストラリアではグラスフェッドが主流だ。ただし最近ではオーストラリアなどでも日本市場向けの牛肉をつくるため、肥育の最終段階で穀物飼料を集中的に与える方法を取り入れている場合もある。逆に日本でも赤身肉ブーム、ヘルシーミートブームをうけて敢えてグラスフェッドビーフを選ぶ人も増えてきている。これからはエサで牛肉を選ぶのが当たり前になるかもしれない。

牛
まえ

牛
ロイン

牛
ともバラ

**牛
もも**

そともも

牛
ホルモン

豚
肉

鶏
肉

ゼラチン質が多く噛めば噛むほど味わい深い

センボン 別称 千本筋
英名 Shank

超希少部位。噛み締めると旨みがでる。
7~8mmにカットして、強火でサッと焼き、
ワサビ醤油で食べるのもオススメ。

👁 Detail Check!

あたかも「千本」もの細かい筋肉が
複雑に入り組んでいるような断面

★ DATA	希少度	★ ★ ★ ★ ★	価　格	★ ★ ☆ ☆ ☆
	脂	★ ★ ☆ ☆ ☆	硬　さ	★ ★ ★ ★ ☆

特徴

▶ 「ハバキ(p.86)」の中に入っている肉
▶ その名前の通り多くの筋が入り組む
▶ ゼラチン質が豊富で煮込み料理に最適

「ハバキ(p.86)」の中に入っている部位。名前の通り千本の筋で出来ているような筋張った肉で、断面を見れば細かい筋肉が複雑に入り組んでいる様子が見てとれる。

ゼラチン質が豊富なので、しっかりと焼いて奥歯でがしがしと噛むと粘り気のある歯ごたえとともに旨みがどんどん涌いて出てくるようだ。肉質は意外と硬くなく、筋に対して直角に包丁を入れれば数度の咀嚼で問題なく噛み切れるので肉を食べているという満足感も大きい。

焼肉店で見かけることは稀で、通常は煮込み料理などに使われることが多い。もし見つけたら迷わずオーダーしてみることをお勧めする。

Beef Column 0024　黒毛和種はみな家族　始祖「田尻号」の話

良質な和牛を生産する上で特に重要な要素とされるのが血統だ。日本では江戸時代後期から近親交配によって蔓(つる)と呼ばれる牛の系統がつくられていた。牛肉食が盛んになった明治時代には系統を帳簿で管理するようになり、よい肉質の血統を持った和牛の生産が進められていった。

そして1939年、兵庫県香美町小代区の牛飼い田尻松蔵氏の手によって名牛「田尻号」が誕生する。つやのある毛並み、屈強な体躯など優秀な但馬牛としての資質を完

璧に備えたこの牛は後に種牛として多くの子孫を残し、現在の黒毛和牛の祖となったのである。2012年に社団法人全国和牛登録協会が行った調査によれば、全国で飼育されている黒毛和牛の母牛の何と99.9%がこの田尻号の子孫ということが判明している。

つまり松阪牛も米沢牛も神戸牛も、もとをたどればみな家族だという訳。ちなみにこの偉大な始祖である和牛を生み出した田尻氏は1955年、その功績をたたえられて黄綬褒章を受章している。

牛 まえ

牛 ロイン

牛 ともバラ

牛 もも

しんたま

牛 ホルモン

豚 肉

鶏 肉

👁 **Detail Check!**

もも肉なのに豊かなサシが入る。
その名の通り三角形の部位

赤身ながらサシも多い焼肉向きの部位

トモサンカク

別称 ヒウチ
英名 Tri-Tip

焼き方指南

サシのある赤身（モモ）。7〜8mmにカットし、
強火でじっくり焼いてタレでどうぞ。

⭐ DATA	希少度	★★★☆☆	価 格	★★★☆☆
	脂	★★★★☆	硬 さ	★★★☆☆

特徴
▶ しんたまの一部で三角形をした部位
▶ サシがしっかり入り濃厚な味わい
▶ 1頭から2〜3kgしか取れない希少な部位

　うちももの下部にある大きな球状の肉を、その形状から「しんたま」あるいは「マル」と呼ぶ。このしんたまの端にあたる部位がトモサンカクで、名前の通り三角形をしている。

　この肉の特徴はもも肉とは思えないほどしっかりとしたサシが入っていること。当然脂の濃厚な旨みがあるが、赤身のコクも強く感じられる。多少の歯応えも感じるものの、心地よい程度で気にはならない。味わいのバランスが抜群によいので焼肉には非常に向いている肉質だといえるだろう。1頭から2〜3kgほどしか取れない希少な部位だけに値段も安くはないが、それだけの価値はある肉なので是非お試しいただきたい。

Beef Column
0025 家庭での牛肉の保存期間とコツ

　スーパーや小売店で買ってきた牛肉。おいしくいただくためにも知っておきたいのが保存期間や保存方法だ。

　実は牛肉は肉類の中では最も保存期間が長い。しかし一般的に小売店では食べごろになるまで寝かせたものをカットして販売しているから、原則としては買ったその日に食べるのがベストである。

　冷蔵での保存期間の目安は薄切り肉で3日ほど、切り身なら4日、ブロックならば5日ほど。ひき肉ならば1日程度が限界で、できれ

ばその日じゅうに使い切りたいところ。要は塊になっているほど保存期間が長いと覚えよう。

　この期間を超えてしまいそうな場合は早めに冷凍を。再冷凍の必要がないよう使い切り単位での小分けが鉄則。ラップする際は少しでも冷凍にかかる時間を短縮するため、なるべく空気が入らないように、かつなるべく平らにしよう。なお冷凍の保存期間は1ヵ月が目安。解凍の際は冷蔵庫などの低温環境でゆっくりとがコツだ。上手な保存で一段上の牛肉ライフをどうぞ。

牛 まえ

牛 ロイン

牛 ともバラ

牛 もも　しんたま

牛 ホルモン

豚 肉

鶏 肉

柔らかく風味溢れる味で赤身好きに人気

シンシン

別称 マルシン
英名 Eye of Knuckle

焼き方
指南

きめ細かい肉質、肉の旨みを感じる部位。
7～8mmにカットし、タレをまぶし強火で
さっと焼いて、召し上がれ。

👁 Detail Check!

柔らかな赤身肉の中心に一本
筋が入っているのが特徴

🐂 DATA	希少度	★★☆☆☆	価　格	★★☆☆☆
	脂	★☆☆☆☆	硬　さ	★★☆☆☆

特徴
- ▶ しんたまの中心部に位置する肉
- ▶ 赤身だが意外なほど柔らかな肉質
- ▶ 肉刺しやユッケに最適とされる

「しんたま」の中心部に位置する部位。しんたまの芯、ということで「シンシン」と呼ばれている。

サシの多くない赤身肉ではあるが、食感は意外なほどに柔らかい。肉質もきめ細かく、中心部分に走る一本筋も食感としてはあまり気にならないはずだ。味わいは上質な風味に溢れ、程よいコクと肉の甘みがじわりと感じられる。この肉に出合って赤身肉の魅力に目覚めたという人も多いのではないだろうか。

ステーキなどにも使われるが、肉刺しやユッケに最適とされる。生肉提供の認可を得る店も少しずつ増えてきているので、シンシンを生で食べられる機会があれば是非お試しいただきたい。

Beef Column 0026 ミネラルウォーター採水地のふもとで育つ名和牛

全国の肥育農家は少しでもよい和牛を育てようと日夜あれこれと研究を重ねている。ところが「水と環境がよければ特別なことは必要ない」と自然体で素晴らしい名牛を育て上げている方がいる。鳥取県西伯郡にある「伯耆(ほうき)前田牧場」の前田氏だ。

氏の手によって育て上げられた牛はバランスよくサシが入った極上の肉質。また旨み成分であるオレイン酸を豊富に含み、とろけるような霜降りでありながら口溶けのよいやさしい味わいだという。

その素晴らしさは鳥取県畜産共進会グランドチャンピオンを獲得したことでも証明されており、高級鉄板料理屋や料亭、レストランからも引く手あまたとなっているそうだ。

実はこの伯耆前田牧場、名峰大山(だいせん)のふもとに位置する。すぐ近くには日本コカ・コーラのミネラルウォーター「い・ろ・は・す」の採水地があることでも知られる名水の里なのだ。上質な水をたっぷりと飲める、人間もうらやむ環境で育った和牛の味を一度お試しあれ。

赤身ならではの深い旨みが楽しめる

カメノコ

別称 マルカメ
英名 Ball Tip

焼き方
指南

ザ・赤身。薄めの4〜5mmにカットし、
強火でサッと焼き、塩で赤身の旨みを感じよう。

牛 まえ

牛 ロイン

牛 とも バラ

牛 もも

しんたま

牛 ホルモン

豚 肉

鶏 肉

👁 **Detail Check!**

名前の通り亀の甲羅のような形の肉。
サシが殆どない、深い赤色が特徴的

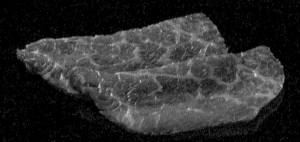

🐮 DATA	希少度	★☆☆☆☆	価格	★★☆☆☆
	脂	★☆☆☆☆	硬さ	★★★★☆

特徴
- ▶ しんたまの一部で亀の甲羅のような形状
- ▶ 深い赤色が特徴の濃厚な赤身肉
- ▶ 肉質は見た目ほどは硬くない

「しんたま」の一部で、中央にある「シンシン（p.92）」を覆うように位置する半球形をした部位。名前の由来はその亀の甲羅のような形状から来ている。

　深い赤色の肉でサシはほとんど入らない。肉質はまさしく赤身肉といった感じで、やや硬く弾力のある歯ごたえ。ずっしりとした風味があり、噛み締めるたびにコクのある濃い味わいを強く感じられる。もも肉の割にはきめもそれほど粗くなく、見た目から受ける印象ほどは硬くないのでタタキやローストビーフだけでなく、焼肉でも美味しくいただける。焼き過ぎにさえ注意すれば、赤身好きならばリピート必至の一品である。

おすすめ! ご当地つけダレセレクション③

 長野 ネーミングに偽りなし。
しみじみ味わい深い万能たれ

心打たれ

　香り豊かな醤油をベースに、南信州産のリンゴ「ふじ」をふんだんに使い、玉ねぎなどの新鮮な野菜の旨みも加わったコクのあるたれは完全手作り。たれの甘みが肉の旨みを引き立て、しみじみとおいしい。社員が発案のネーミングに違わない、心打たれる逸品である。

心打たれ
300g
小池手造り農産加工所
問0265-33-3323
※価格はお問い合わせ
ください
https://www.koike-
kakou.co.jp/

 高知 働き者のお母さんが
編み出したおいしい"時短"たれ

万能たれ ばかたれ

　四万十川にほど近い老舗の料理店。三代目を父に持つ長女の自歩（しほ）さんが、短時間でも家族においしい料理を食べさせたいと、忙しい義母が編み出したオリジナルのたれを商品化した。愛のこもった甘めのたれは、工夫次第で様々な料理に使える万能選手だ。

万能たれ ばかたれ
360g
やまさき料理店
問0880-35-5101
※価格はお問い合わせ
ください
https://www.facebook.com
/bannoutare.bakatare/

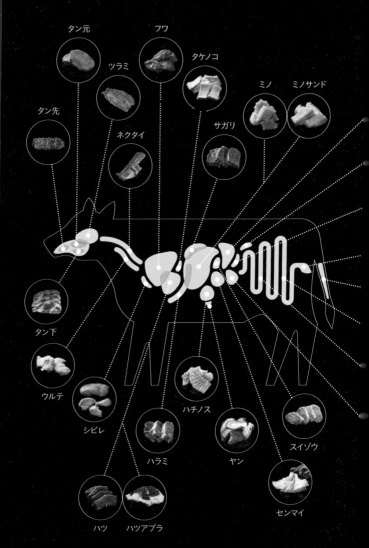

牛
まえ

牛
ロイン

牛
とも
バラ

牛
もも

牛
ホルモン

豚
肉

鶏
肉

タン元

フワ

タケノコ

ミノ　　ミノサンド

ツラミ

タン先

サガリ

ネクタイ

タン下

ウルテ

シビレ

ハチノス

ハラミ

ヤン

スイゾウ

センマイ

ハツ　　ハツアブラ

ホルモン＝内臓と思われがちだが、実は枝肉以外の食用部分は全てこのくくりに入る。従って「ハラミ（p.102）」のような正肉に近い味わいのものや、タンのようにクセが少ないものも含まれる。

知るほどハマる
魅惑のホルモンワールド

ホルモンの魅力はとにかく食感のバリエーションが豊かなこと。コリコリ、サクサク、クニュクニュ……と実に多彩な刺激を口中にもたらしてくれるので、飽きが来ず、いくらでも食べられてしまう。また、素材が持つ特性を引き出す職人技の下処理やカッティングも注目すべきポイント。同じホルモンでもお店によって全く違う味に感じることもあるほどだ。

傷みやすいことやホルモン焼き屋のアングラなイメージなどからかつては敬遠されがちであったが、ここ数年、状態がよいホルモンを女性同士でも入りやすい環境で提供する店も多くなってきた。知れば知るほど面白い、ディープなホルモンワールド。本書を片手に是非その扉を開けていただきたい。

サクサクの歯触りと香り立つ甘み

タン元 英名 Fatty Tongue

焼き方指南

タンの王様。コリコリ脂滴る部位。
10mmにカットし、中火で時間をかけ
じっくり仕上げ、塩でどうぞ。

牛　まえ

牛　ロイン

牛　ともバラ

牛　もも

牛　ホルモン

タン

豚肉

鶏肉

👁 **Detail Check!**

周りの赤くやや硬い部分が削ぎ落とされて
いる方がタン元独特の味わいを楽しめる

★ DATA	希少度	★ ★ ★ ☆ ☆	価　格	★ ★ ★ ★ ☆
	脂	★ ★ ★ ★ ☆	硬　さ	★ ★ ☆ ☆ ☆

特徴
- ▶ タンの中で最も上質とされる根元の部分
- ▶ 適度に脂がのった美しいピンク色
- ▶ サクッと心地よい歯応えとジューシーな味わい

　ご存じ牛の舌、タンは大きく3つの部位に分けられる。先っぽが「タン先(p.100)」、根元の「タン元」(その中間を「タン中」と呼ぶ場合もある)、そして下側の筋張った部分が「タン下(p.101)」だ。

　その中でもタン元は最も上質とされる部位。根元ゆえあまり動かさないのでしっとりと脂がのったピンク色をしており、両面をこんがりと焼き上げて歯を立てれば、サクッと小気味よい食感に続いて驚くほどの肉汁が溢れ出る。ほのかに立ち上る甘い香りもこの部位ならではだ。最も肉質がよい部分は1頭からわずか数百gしかとれないという、大変希少な部位でもある。

Beef Column
0027 焼肉界の人気者、牛タンは希少部位

　「まずはタン塩から！」が決まり文句になっているほど、焼肉界の1番バッターの地位を確立しているタン。実際殆どの人がオーダーしているのではないだろうか。しかしこのタン、実はかなり希少な部位なのだ。

　タン1本あたりの重量はだいたい1.5〜2kg程度。そのうち脂やスジを除いた食べられる部分は70%くらいなので、1〜1.5kg弱ということになる。一般的な焼肉屋の1人前の量が80〜100gだから、10人前強〜20人前弱しかまかなえ

ない訳だ。ましてやタン元ともなると1本から2人前とれるかどうかというくらいしかないのである。

　そんな希少なタンだから当然和牛だけでは供給をまかないきれない。事実、日本で食べられているタンの殆どはアメリカ、オーストラリアをはじめとした外国産の輸入ものに頼っているのが現状だ。

　いつもは真っ先に頼んであっという間に平らげてしまっているかもしれないが、次回はタンのありがたみをじっくりと噛み締めて味わってあげてほしい。

心地よい歯応え、定番のスターター

タン先 英名 Tongue

タンの先端から中程にかけての部位。よく動かす部分なので筋肉質で先端にいくほど硬い。薄切りにしてレモンで食すと、歯応えのある食感で食欲を増進してくれる。焼肉界における定番のスターターである。

焼き方指南

歯応え最強。
3~4㎜にカットし、ごま、塩、ニンニクをまぶし、強火でサッと焼いて食べよう。

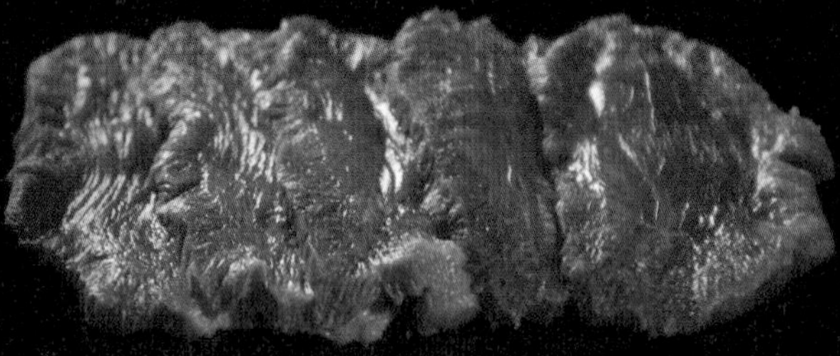

Detail Check!

タン先とはいえ本当の先端部は硬すぎる。表面積が小さすぎるものは先端部に近い

特徴	タンの先端から中程にかけての部分 よく動かす部分なので硬い肉質			
DATA	希少度	★☆☆☆☆	価格	★★☆☆☆
	脂	★☆☆☆☆	硬さ	★★★★★

コリコリした歯応えと脂の旨みが楽しめる

タン下

英名 Lower Portion of Tongue

　タンの中ほどから根元にかけての下側の部分。脂がまとまって入り込んでいるのが特徴で、しっかり焼いて食せば程よい歯ごたえの赤身と脂の甘みが楽しめる。店によっては「タンカルビ」と呼ぶのもうなずける味わいだ。

脂が旨みのタン下。
3〜4mmにカットし、強火でサッと焼き、
ワサビ醤油でどうぞ。

👁 Detail Check!

タン先に近い肉質の赤身の間に
まとまった脂が入っているのが特徴

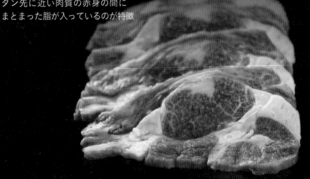

特　徴	タンの下側にあたる部分 歯ごたえと脂の甘みが楽しめる		
⭐ **DATA**	希少度　★★☆☆☆	価　格　★★☆☆☆	
	脂　　　★★★☆☆	硬　さ　★★★★☆	

ワイルドな噛み心地とジューシーさが人気

ハラミ

別称 カクマク
英名 Outside Skirt

焼き方指南

肉々しい肉繊維。
肉好きなら10~12mmにカットし、
中火でじっくり焼き、ワサビ醤油でどうぞ。

👁 **Detail Check!**

ハラミの中で分厚いのはほんの一部。
厚みがあり、脂が綺麗な白色のものは上質

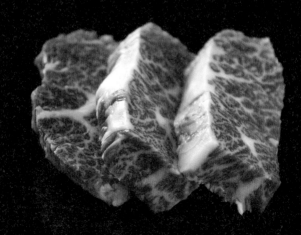

★ DATA	希少度	★★★☆☆	価格	★★★☆☆
	脂	★★★☆☆	硬さ	★★☆☆☆

牛 まえ
牛 ロイン
牛 とも バラ
牛 もも
牛 ホルモン
横隔膜
豚 肉
鶏 肉

特徴
- ▶ 牛の横隔膜の薄い部分で、背中側にあたる
- ▶ ザクザクした食感とほどよいサシ
- ▶ 味わいの満足感の割にカロリーが低め

今やすっかり焼肉定番メニューの地位を不動のものにした感があるが、ほんの十数年前までは「ソフトカルビ」などカルビのまがい物的な名称で供されることも少なくなかった。見た目も味も赤肉だが分類としてはホルモンに属する部位で、横隔膜の一部背中側にあたる。最大の特徴は何といっても肉らしいワイルドな噛み応えだろう。歯に肉繊維を感じさせつつ程よいところでばらりとほどけ、同時に肉汁が溢れてくる。濃厚な味わいの割にカロリーが高くないことも人気の秘密だ。厚切りが最高だが、厚くカットできる部分はほんの少しなので品切れのことも多いはず。見つけたら早めにオーダーすべし。

Beef Column
0028 変わった名前の宝庫　ホルモン部位の名の由来

ホルモンは食感や形はもちろん、その名前もバラエティに富んでいる。変わった名称の由来をまとめて紹介しよう。

横隔膜であるハラミは"腹の身"から来ている。「ツラミ (p.120)」は頬の肉なので"面(つら)の身"。「シマチョウ(p.118)」の別名「テッチャン」や「コプチャン(p.116)」、「ウルテ(p.125)」、「チレ(p.127)」などは韓国語の音から。英語由来なのは「ハツ(p.106)」＝Heart、「タン」＝Tongue、「レバー(p.108)」＝Liver、「テール(p.129)」＝Tailの各部位だ。

見た目から付けられた名には幾重にも折り重なるヒダがまるで千枚もありそうな「センマイ(p.114)」や、ヒダが織りなす文様が蜂の巣のように見える「ハチノス(p.112)」など。「ミノ(p.110)」は開いた形が蓑に似ているから、「テッポウ(p.119)」も同じく開いた形が鉄砲に似ているところから来ている。

ホルモン焼き店で肉が焼き上がるまでのちょっとした小ネタとしてご活用いただきたい。

まるで赤身肉のような濃厚な肉の味わい

サガリ

英名 Hanging Tender

「ハラミ（p.102）」とひと続きになっている部位で、店によってはハラミの名で出すところも。ハラミよりもサシは少なくやや暗めの小豆色だが、その分柔らかめで肉の味わいが濃い。ミディアムレアくらいの焼き加減で。

焼き方指南

なかなかお目にかかれない希少部位。
ハラミ同様厚めの10〜12mmにカットしたら、
中火でじっくり焼いてタレでいこう。

👁 Detail Check!

サガリは傷みやすいので、フチの部分が
変色していないかで鮮度を判断する

特徴	横隔膜の厚い部分で、肋骨側にあたる 濃厚で上品な赤身のコクを味わえる		
DATA	希少度 ★★★☆☆	価格 ★★★☆☆
	脂 ★★☆☆☆	硬さ ★★★☆☆

牛まえ

牛ロイン

牛ともバラ

牛もも

牛ホルモン

横隔膜・動脈

豚肉

鶏肉

コリッコリの歯応えが楽しい名脇役

タケノコ

別称 コリコリ / ハツモト
英名 Aorta

コリコリ食感。
隠し包丁を10本入れ20mmにカットし、
中火でじっくり焼いて、ごま、塩、ニンニクでどうぞ。

👁 Detail Check!

まるでイカの切り身のような色と
形状。脂を残しているものもある

　牛の大動脈。白くつるりとした見た目はまるでイカのよう
だがこちらの方がずっと硬い。しかしよく焼いて食せばコリ
コリと小気味よい歯応えの後にざくりと噛み切れてくれるか
ら面白い。ちなみに肉自体の味はほとんど無い。

特　徴	牛の大動脈 味はほとんど無くコリコリした歯応えを楽しむ		
★ **DATA**	希少度 ★★★★☆	価　格 ★★☆☆☆	
	脂　　　★★☆☆☆	硬　さ ★★★★☆	

105

牛　まえ

牛　ロイン

牛　ともバラ

牛　もも

牛　ホルモン　心臓

豚　肉

鶏　肉

サクッとした食感とクセの無い淡白な味

ハツ

別称 ココロ
英名 Heart

　牛の心臓で、名前は英語の「Heart」から。クセが無くさっぱりとした味わいで、歯を立てるとサクッと噛み切れる食感も心地よい。臭みのない新鮮なものならばあまり焼きすぎずにさっと炙ったくらいで食したい。

サクッとした食感。
8~9mmにカットし、強火でサッと焼き上げ
タレでどうぞ。

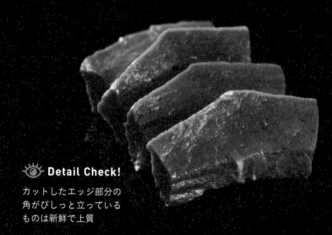

👁 **Detail Check!**

カットしたエッジ部分の
角がびしっと立っている
ものは新鮮で上質

特　徴	牛の心臓 クセが無く、さっくりとした噛み心地		
⭐ **DATA**	希少度　★★☆☆☆	価　格　★★☆☆☆
	脂　　　★☆☆☆☆	硬　さ　★★☆☆☆

さっぱり＆ジューシーを同時に味わえる

ハツアブラ

別称	アブシン
英名	Heart with Fat

焼き方指南

脂の甘みを味わいたい。
6~7mmにカットし、強火でサッと焼き上げ
タレがオススメ。

👁 **Detail Check!**

ハツ部分のエッジが立っていることに加え、
脂が真っ白なものが新鮮

　ハツの一部で、心臓の周りについている脂ごとカットしたもの。淡白なハツに脂の甘みが加わり濃厚な味わいが楽しめると通の間で人気の部位だ。赤い部分はぴしりとエッジが立ち、脂部分は濁りのない白色なのが新鮮さの証。

特 徴	心臓の一部の脂がついている部分 ハツのさっぱり感と脂の甘みのタッグ		
★ **DATA**	希少度 ★★★☆☆	価 格 ★★☆☆☆
	脂 ★★★☆☆	硬 さ ★★☆☆☆

牛
まえ

牛
ロイン

牛
ともバラ

牛
もも

**牛
ホルモン**

肝臓

豚
肉

鶏
肉

ねっとりとした食感と独特の甘み

レバー
別称 キモ
英名 Liver

**焼き方
指南**
7〜8mmにカットし、塩とごま油をまとわせ、
強火でじっくり焼こう。

👁 **Detail Check!**

エッジ部分の角が立っているものは新鮮。
皿についた血が固まっているのも新鮮さの証

★ DATA				
希少度	★☆☆☆☆	価　格	★★☆☆☆
脂	★☆☆☆☆	硬　さ	★★☆☆☆

特徴
- ▶ 牛の肝臓
- ▶ 鉄分独特のクセの中に甘みがある
- ▶ 2012年の規格基準改正により生食は禁止に

　牛の肝臓。鉄分を多く含み、独特のクセがある味わいとねっとりとした食感でファンも多い。新鮮なものほど臭みが少なく歯ごたえもよい。見極めのポイントは切り口。エッジが鋭角なのは鮮度がよい証。あるいは皿についた血液がすぐ固まるものはまだ血小板が活動しているので新鮮である証拠だ。

　火を通せば通すほど食感がボソボソになり臭みが立ってしまうのだが、2012年に厚生労働省が生食を禁止してからはや9年。レバ刺しの濃厚な甘みを懐かしがる向きも今や少数派とは思うが、自分の体のためにも、そしてお店に迷惑をかけないためにもしっかりと焼いてから食そう。

おすすめ! ご当地つけダレセレクション④

 広島 こってりした部位も
さわやかな酸味でおいしい

大人のレモン 焼肉のタレ 白

　広島産レモンのさわやかな酸味で、赤身はもちろん、こってりした部位でもさっぱりと食べられる。甘すぎず、酸っぱすぎず、絶妙のバランスが大人好み。ほかにもピリ辛な「焼肉のタレ 赤」や「汁なし担々麺のタレ」などレモンを使ったラインナップが多数揃うので、ぜひお試しあれ。

大人のレモン 焼肉のタレ 白
210g　500円
問0823-31-7527
http://www.yoshinomiso.com/

 大阪 飽くなき焼肉だれへの
こだわりが生んだ秘伝たれ

焼肉のたれ もんくたれ

　市販の焼肉だれに満足できず、数々の食べ歩きと独自の研究により生まれた秘伝のたれ。本醸造醤油やりんご、野菜などの材料と製法にこだわった。甘めの香りにそそられるが、食べれば決して甘すぎない、絶妙なバランス。焼肉だけでなく、様々な料理にも使える。

焼肉のたれ もんくたれ
190g　350円
もんくたれ本舗
問072-467-2529
https://www.monkutare.com/

シコシコ、コリコリ、貝柱のような食感

ミノ

英名 Mountain Chain Tripe

焼き方
指南

両面に隠し包丁を10本入れ20mmにカットし、塩、ごま、ニンニクをまぶし、中火でじっくり火を通して食感を楽しもう。

👁 **Detail Check!**

鮮度と処理がよいものはニオイが薄い。
そうでないとアンモニア臭がする

　牛の4つある胃袋の1つめ。貝柱を思わせるシコシコとした歯ごたえが心地よく、厚切りでも薄切りでもそれぞれに食感を楽しめる。半面、丁寧に下処理しないと消化器官特有のアンモニア臭が残ってしまうやっかいな部位。

特 徴	牛の4つある胃袋の中の第一胃袋 シコシコとした食感が心地よい		
★ **DATA**	希 少 度　★☆☆☆☆	価 格　★★☆☆☆
	脂　　　　★☆☆☆☆	硬 さ　★★☆☆☆

ミノに脂の甘みが加わった魅惑の味わい

ミノサンド

別称 脂ミノ
英名 Mountain Chain with Fat

焼き方指南

ミノと同様、両面に隠し包丁を10本入れ20mmに
カットし、塩、ごま、ニンニクをまぶし、中火で
じっくり火を通して食感を楽しむ。

👁 Detail Check!

ミノとミノの間にたっぷりの脂が
挟まれているものがよいミノサンド

「ミノ(p.110)」の一部で、白肉の間に脂が挟まっているもの。
シコシコしたミノの歯応えに脂の濃厚な甘みが加わり、魅惑
の味わいだ。ごくわずかしか取れない希少な部位なので見
つけたら即オーダーを。

特　徴	第一胃袋の中で脂が挟まった部分 ミノに脂の甘さが加わった濃厚な味わい			
DATA	希少度	★☆☆☆☆	価　格	★★★☆☆
	脂	★★★☆☆	硬　さ	★★★☆☆

牛 まえ

牛 ロイン

牛 とも バラ

牛 もも

牛 ホルモン

胃袋

豚 肉

鶏 肉

イタリア料理でもおなじみの内臓肉

ハチノス

別称 トリッパ
英名 Honeycomb Tripe

　牛の第二胃袋。名称は見た目が蜂の巣に似ているところから。イタリア料理ではトリッパと呼ばれる定番食材だ。下処理で表面の黒皮を剥ぐと柔らかで臭みのない状態に。基本的に下茹でしてから供されるが、じっくり焼き上げたい。

焼き方指南

下茹でされているものを選び、
20mmにカットし、タレをまぶし
強火でじっくり焼き上げよう。

👁 **Detail Check!**

表面を覆う黒い皮は硬く臭みも
あるので、一手間かけて取り除
いた白いものがよい

特　徴	牛の4つある胃袋の中の第二胃袋 柔らかいが歯応えある独特の食感			
⭐ **DATA**	希少度	★☆☆☆☆	価格	★★☆☆☆
	脂	★☆☆☆☆	硬さ	★★☆☆☆

クセのある甘みで焼肉通にファンが多い

ヤン
別称 ハチカブ
英名 Bridging Tripe

焼き方指南

なかなかお目にかかれない希少部位。
10~12mmにそぎ切りし、
中火でじっくり焼いてタレでいこう。

👁 **Detail Check!**

肉厚で全体がぷっくりと
膨らんでいるものが上質

「ハチノス(p.112)」と「センマイ(p.114)」を繋ぐ部位。弾
力のある歯応えだが程よいところでざくりと歯が入る食感が
たまらない。脂の甘みにホルモンらしい独特のクセが混ざり、
はまると病み付きになること必至の味。

特徴	第二と第三胃袋をつなぐ部分 小気味よい食感と独特の甘みがある			
⭐ **DATA**	希少度	★★★★☆	価格	★★★☆☆
	脂	★★☆☆☆	硬さ	★★★★☆

113

牛 まえ
牛 ロイン
牛 ともバラ
牛 もも
牛 ホルモン
胃袋
豚 肉
鶏 肉

刺しでも焼いても良し、シコシコの歯触り

センマイ 英名 Bible Tripe

👁 Detail Check!

表面を覆うツブツブをじっくり
見て、先端部のツノがとがって
いるものは鮮度がよい

焼き方
指南

**白はクセが少ない。20mmにカットし、
ごま、塩、ニンニクをまぶして
強火でサッと焼き上げよう。**

　牛の第三胃袋。ヒダが千枚もありそうだとつけられた名前。
表面を黒い皮が覆っており、そのまま出すところも、一手間
かけて皮を剥ぎ食感をより柔らかくするところも。シコシコ
と歯切れよく、生でも焼いてもいける。

特　徴	牛の4つある胃袋の中の第三胃袋 ザクザク、シコシコとした歯応え		
⭐ **DATA**	希少度 ★☆☆☆☆	価　格 ★★☆☆☆
	脂 ★☆☆☆☆	硬　さ ★★★☆☆

ぬめり気のある独特の歯応えがクセになる

ギアラ
別称 赤センマイ
英名 Abomasum

　牛の第四胃袋で、生物学的には胃袋の働きをしているのはこの器官だけなのだとか。口中に含めばぬめぬめ、クニュクニュと逃げ回り、噛む度に甘い脂がしみ出してくる。実にホルモンらしい食感の部位だ。

焼き方指南

ホルモン。隠し包丁を10本入れ20mmにカットし、中火でじっくり焼いてタレでどうぞ。

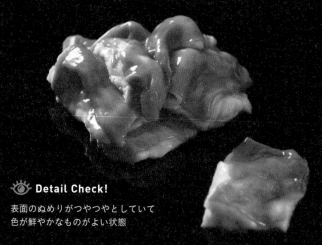

👁 **Detail Check!**

表面のぬめりがつやつやとしていて
色が鮮やかなものがよい状態

特 徴	牛の4つある胃袋の中の第四胃袋 クニュッとした歯応えと脂の甘み			
DATA	希少度	★☆☆☆☆	価 格	★★☆☆☆
	脂	★★☆☆☆	硬 さ	★★★★☆

牛 まえ

牛 ロイン

牛 ともバラ

牛 もも

牛 ホルモン　小腸

豚 肉

鶏 肉

甘みたっぷりの脂を楽しむホルモン

コプチャン

別称 マルチョウ／ホソ／ヒモ

英名 Small Intestine

 焼き方指南　30mmの筒状にカットし、タレをまぶして、中火でじっくり転がしながら焼き上げよう。

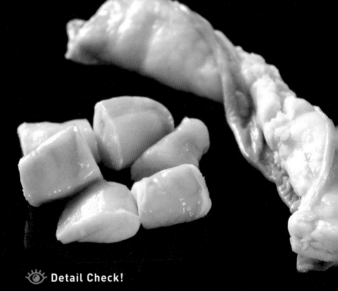

👁 Detail Check!

脂が綺麗な白色をしているものが新鮮。
また、処理が悪いと臭みを感じることがある

🐄 DATA	希少度	★☆☆☆☆	価格	★★★☆☆
	脂	★★★★☆	硬さ	★★☆☆☆

特徴
▶ 牛の小腸
▶ 脂をどれくらい残すかはお店次第
▶ 1頭当たり40mほどもある

牛の小腸。関西ではホソ、ヒモなどの名で呼ばれることもある。近年よく見かけるようになった「マルチョウ」もこのコプチャンだ（コラム参照）。

牛1頭から40mほども取れるうえに脂がたっぷりついていることから、安価で美味しくいただけると人気の高い部位。ホルモン焼き屋をはじめ、モツ鍋やモツ炒め、かすうどんなど様々な料理で使われている。

焼肉では皮目からじっくりと焼いて、最後に脂を好みの加減まで落とそう。マルチョウならばコロコロと転がしながら焼き、皮が縮んで中の脂が飛び出してきたあたりが食べごろだ。弾力ある歯応えと脂の甘みが、塩味にも濃い味噌ダレにもよく合う。

Beef Column
0029 「マルチョウ」ってどこの部位？

コロコロとした見た目とジューシーな味わいが楽しい「マルチョウ」。近年続いているホルモンブームに乗って首都圏でもよく見かけるようになったが、もともとは北九州市の小倉が発祥の地のひとつとされているように、九州など一部地方で人気を博しているメニューであった。

このマルチョウだが特別な部位という訳ではない。筒状の小腸に脂が詰まっているもので、部位としてはコプチャンと同一である。

と、ここまではご存じの方も多いかもしれないが、意外と知られていないのがマルチョウにするための工程だ。中の脂はもともと小腸の外側についており、それをくるりと裏返して内側に閉じ込めているのだ。

この一手間を加えることによって外側はカリカリ、噛むと脂がじゅわっと染み出てくるマルチョウ独特の味わいが生まれるのである。脂だけでなく、ホルモンをより美味しく食べようという先人の知恵もぎっしりと詰まっているという訳だ。

牛 まえ

牛 ロイン

牛 ともバラ

牛 もも

牛 ホルモン

大腸・直腸

豚 肉

鶏 肉

クニュクニュとした食感と脂のハーモニー

シマチョウ

別称 テッチャン
英名 Large Intestine

　牛の大腸。コプチャンに比べ皮が厚く脂が少ない。皮が
ピンク色でぬめりけがあるのが新鮮なもの。状態がよけれ
ばあまり焼かなくても大丈夫。クニュクニュと口中をただよっ
た後にブツリと小気味よく噛み切れる。

ザ・ホルモン。30mmにカットし、
肉面に隠し包丁を10本入れ、
中火でじっくり焼いてタレでどうぞ。

👁 **Detail Check!**

皮（粘膜）の色が綺麗なピンクで適度な
ぬめりがあるものがよい状態の証

特　徴	牛の大腸
	小腸よりも皮が厚く表面にはぬめりがある

DATA	希少度	★☆☆☆☆	価格	★★★☆☆
	脂	★★★★☆	硬さ	★★★☆☆

噛み切れそうで噛み切れない歯応え

テッポウ 英名 Rectum

👁 **Detail Check!**

状態のよいものは綺麗な白色で肉が締まっており、表面をぬめりが覆っている

 焼き方指南

硬い。30mmにカットし、肉面に隠し包丁を10本入れ、中火でじっくり焼いてタレで食す。

　牛の直腸部分。白色で表面はぬめりけがあり、焼き上げるときゅっと縮む。味は淡白で処理がよければ臭みもないが、口に入れるとクニュクニュと弾力が強くなかなか噛み切れないあたり、好き嫌いが分かれるところだ。

特　徴	牛の直腸 クニュクニュとなかなか噛み切れない			
★ **DATA**	希少度	★★★★★	価格	★★☆☆☆
	脂	★☆☆☆☆	硬さ	★★★★★

ゼラチン質たっぷりで煮込み料理にも最適

ツラミ

別称 ホッペ／ほほ肉／天肉
英名 Cheek

焼き方
指南

強い筋が伴う希少部位。
3〜4mmにカットし、強火でサッと焼き上げ
ごまと塩で食べるのがオススメ。

👁 **Detail Check!**

ゼラチン質の筋が多く入り
組んでいるのがツラミの特徴

🐄 DATA	希少度	★★★☆☆	価　格	★★★☆☆
	脂	★★☆☆☆	硬　さ	★★★☆☆

特徴
▶ 牛の頬の肉
▶ 噛むほどにゼラチン質の旨みが出る
▶ 煮込み料理に最適な肉質

　牛のほほ肉。ホッペ、ほほ肉などの別称のほか、京都を中心に「天肉」という名で呼ばれることもある。肉質は完全に赤肉なのだが、枝肉以外の部分ゆえ食肉業界ではホルモンに分類されている。

　よく動かす筋肉なので肉質は硬いが、ゼラチン質を豊富に含んでいるので煮込み料理には非常に適している。「牛ほほ肉の赤ワイン煮込み」はフランス料理では定番の一品で、柔らかくなったほほ肉がほろほろにほぐれる食感と滋味溢れる味わいがたまらない。

　焼肉では薄切りにして強火でサッと焼き上げるのがよい。歯応えが適度になり、噛めば噛むほどしみ出してくる旨みを存分に楽しめる。

Beef Column 0030　ホルモンは本当に「放るもん」なのか？

　「内臓はかつて食べずに捨てられていたので、関西弁で『放るもん（捨てるもの）』と呼ばれていたのが訛ってホルモンになった」……こんな話を聞いたことはないだろうか。ホルモンの語源には諸説あるが、現在では前述の説は誤りだとする考えが有力だ。

　「ホルモン」という言葉が料理に使われるようになったのは昭和の初め。体内で分泌される化学物質を表すドイツ語の医学用語「Hormon」が滋養強壮を連想させるとして、スタミナ料理全般をホルモン料理と呼ぶようになった。1940年には大阪の洋食レストラン「北極星」がフレンチの内臓料理をアレンジしたメニューに「ホルモン」の名を取り入れて商標登録までしている。

　そもそも狩猟時代や昔の山間部の生活を振り返っても、収穫した獲物は内臓はおろか皮や脂肪に至るまで余すところなく活用していた。「放るもん」説は酒の席での小咄としてはよく出来ているが、命を大切にいただくという観点からも賛同しかねるところがある。

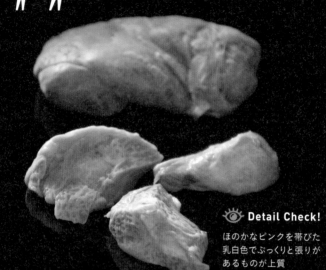

牛
まえ

牛
ロイン

牛
ともバラ

牛
もも

牛
ホルモン

胸腺・すい臓

豚肉

鶏肉

👁 **Detail Check!**

ほのかなピンクを帯びた
乳白色でぷっくりと張りが
あるものが上質

濃厚でミルキー、仔牛にしかない部位

シビレ

別称 リードヴォー
英名 Sweetbread (Thymus)

　牛の胸腺で、仔牛にしかない珍しい部位。フランス料理ではリードヴォーの名で重宝される食材だ。脂肪をたっぷり含んだミルキーな味わいを最大限引き出すには外側はカリッと、中はふわりと焼き上げたい。

焼き方
指南

10~12mmにカットし、タレをまぶし
中火でじっくり焼き上げよう。

特 徴	仔牛にしかない胸腺（きょうせん）部分 脂肪分たっぷりのミルキーな味わい			
⭐ **DATA**	希少度	★★★★☆	価 格	★★★☆☆
	脂	★★★★☆	硬 さ	★★☆☆☆

牛 ホルモン ＞ すい臓 ＞ スイゾウ

脂肪たっぷり、口に入れると溶けてなくなる

スイゾウ

別称 グレンス
英名 Sweetbread

　その名の通り牛のすい臓。ほとんどが脂肪分でできており、網に置いて焼き始めると脂が落ちてみるみるうちに縮んでいく。適度に焼き目がついたところでいただこう。味が似ているため「シビレ」として提供するところもある。

10~12mmにカットし、タレをまぶし
中火でじっくり焼き上げるべし。

👁 **Detail Check!**

薄桃色の肉に乳白色の脂肪が
まだらに入り込んでいる

特 徴	牛のすい臓 「シビレ」として出されることもある		
⭐ **DATA**	希少度　★★★★★	価格　★★★☆☆
	脂　　　★★★★☆	硬さ　★☆☆☆☆

牛 まえ

牛 ロイン

牛 ともバラ

牛 もも

牛 ホルモン

肺・気管

豚 肉

鶏 肉

柔らかいけど噛み切りにくい不思議な食感

フワ 別称 プップギ
英名 Lung

👁 **Detail Check!**

表面にところどころ小さな穴が
空いているのが特徴。関東では
あまり見かけない部位

　牛の肺。マシュマロのような、柔らかいが噛み切れない
独特の食感がある。焼き加減が分からないという人は、と
ころどころに空いた穴から泡が出てきたらひっくり返し時だ。
関西以外ではあまりお目にかからない部位。

焼き方
指南

なかなか噛み切れない逸品。上の写真より
小さめにカットし、味付けは濃いめに。
中火でじっくり焼き上げ、タレでどうぞ。

特　徴	牛の肺 マシュマロのような不思議な食感			
DATA	希少度	★★★★★	価　格	★☆☆☆☆
	脂	★☆☆☆☆	硬　さ	★★★☆☆

バリバリと噛み砕くスナック感覚の部位

ウルテ

別称 フエガラミ
英名 Windpipe

👁 **Detail Check!**

軟骨に細かく隠し包丁を入れてある。
この切り目の細かさ、均一さが食べやすさにつながる

　牛の気管の軟骨で、そのままでは噛み切れないので細かく包丁が入れられてうろこ状になっている。じっくり焼いて食せばバリバリとスナックのような食感が病み付きに。ビールやサワーのアテにはぴったりだ。

両面に隠し包丁を10本入れ20mmにカットし、
塩、ごま、ニンニクをまぶし、中火でじっくり
火を通し、食感を楽しもう。

特 徴	牛の気管の軟骨 小骨をバリバリ噛み砕く食感が楽しい			
★ DATA	希少度	★★★★☆	価 格	★★☆☆☆
	脂	★★☆☆☆	硬 さ	★★★★☆

滅多にお目にかかれないレアなホルモン

マメ

英名 Kidney

　牛の腎臓。葡萄のような形をした臓器で、カットすると断面に丸い血の塊のようなものが見えるのが特徴。鉄分の味が強くかなりクセがある味なので、好き嫌いが分かれる。通常はほとんど見かけることがないレアな部位でもある。

かなりクセのある逸品。下の写真より
小さめにカットし、味付けは濃いめに。
中火でじっくり焼き上げタレでどうぞ。

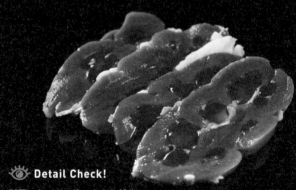

👁 **Detail Check!**

断面に丸い血の塊のような部分があるのが特徴。そもそもは大きな葡萄のような形状だ

特　徴	牛の腎臓
	鉄分の味が強く好き嫌いが分かれる

★ DATA	希少度	★★★★★	価　格	★☆☆☆☆
	脂	★☆☆☆☆	硬　さ	★★★☆☆

「レバ刺し」代わりに食べる人も増加中

チレ

別称	タチギモ
英名	Spleen

　脾臓。一見レバーに似ているが細長い形状をしている。食感はねっとりとしていて甘みがあるがやや血の味が強い。あまり使わない部位だが「レバ刺し」禁止後の代用品として提供する店も出てきているようだ。

かなりクセのある逸品。下の写真より
小さめにカットし、味付けは濃いめに。
中火でじっくり焼き上げタレで食す。

👁 **Detail Check!**

レバーに似た濃い赤色だが
断面は細長い形状になる

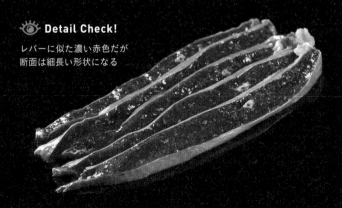

特　徴	牛の脾臓（ひぞう） ねっとりした食感の中に濃い血の味		
⭐ **DATA**	希少度　★ ★ ★ ★ ★	価　格　★ ★ ☆ ☆ ☆
	脂　　　★ ☆ ☆ ☆ ☆	硬　さ　★ ★ ☆ ☆ ☆

牛
まえ

牛
ロイン

牛
ともバラ

牛
もも

牛
ホルモン　食道・尻尾

豚
肉

鶏
肉

硬めだが濃厚なコクのある味わい

ネクタイ

別称 ノドスジ／シキン
英名 Gullet

　ひときわ変わった名称は食道の位置と細長い形状から。味は濃厚でコクがあり、噛むほどに深い旨みが口中に広がる。硬さも見た目ほど気にならない。ほとんど見かけることのない部位なので見つけたらまずはお試しを。

👁 Detail Check!

硬く筋ばった赤身肉で、名前が示す通り細長い形状をしている

両面に隠し包丁を10本入れ20mmにカット。塩、ごま、ニンニクをまぶして中火でじっくり火を通し、食感を楽しもう。

特　徴	牛の食道部分
	噛むたびにコクのある旨みが広がる

DATA			
希少度	★★★★★	価　格	★★☆☆☆
脂	★☆☆☆☆	硬　さ	★★★★☆

噛めば噛むほどにじみ出てくる旨み

テール 英名 Tail

👁 **Detail Check!**

骨付きで薄くスライスされた
ものが多いが、手間をかけて
骨を外したものが食べやすい

　牛の尻尾。筋肉質で筋が多く硬い肉質だが、ゼラチン質が豊富なため噛めば噛むほど旨みが溢れ出てくる。焼肉ならばしっかり焼き目がつくまで焼いてかぶりつこう。時間をかけて煮込んでテールスープなどにしても美味い。

 旨み最高！　骨からそいで焼く場合は、強火でサッと焼き上げ、塩でどうぞ。

特　徴	牛の尻尾の部分 筋が多く噛むほどに旨みが染み出る			
★ DATA	希少度	★★☆☆☆	価　格	★★★☆☆
	脂	★★★★☆	硬　さ	★★★★☆

ニッポン全国の
ブランド牛を知る!

松阪牛や神戸ビーフなどの有名どころ
をはじめ、日本全国の津々浦々にはさま
ざまなブランド牛が存在する。ここでは注
目銘柄の魅力や特徴を駆け足でご紹介。
あなたの舌を惑わす牛は、さてどれだ!?

北海道・東北

北海道	**いけだ牛** 褐毛和種。十勝ワインの澱を飼料に。余分な脂肪分が少ない。
青　森	**あおもり倉石牛** 青森県五戸町倉石生まれの黒毛和種。野趣あふれる味わいが魅力。
岩　手	**いわて短角和牛** ⇒ p.136
岩　手	**前沢牛** 但馬牛の血統。肉好きを語るなら一度は試しておきたい最高峰。
秋　田	**うご牛** 羽後牛の中でも希少性が高い「格付けА4以上」の上級黒毛和種。
宮　城	**仙台牛** 肉質等級が「5」に格付けされないと呼称が許されない超高級牛。
山　形	**米沢牛** ⇒ p.135
山　形	**山形牛** 昼夜の寒暖差が大きい気候特性により、キメ細かな肉質が実現。
福　島	**福島牛** 全国肉用牛枝肉共励会で最高位。細かいサシがしゃぶしゃぶ向き。

関東

茨　城	**常陸牛** 大麦ほか豊かな穀倉地帯特有の飼料で良質の筋肉と脂肪を実現。
栃　木	**とちぎ和牛** 全国肉用牛枝肉共励会で日本一。アメリカへ輸出されて評判に。
群　馬	**上州和牛** 利根川水系の豊富な水資源のおかげで、肉質はミネラル豊富。
埼　玉	**武州和牛** トウモロコシを多く含む独自の飼料を投与。抜群の甘みを誇る。
東　京	**秋川牛** あきる野市・竹内牧場で生産。年に数頭しか出荷されない幻の牛。
千　葉	**かずさ和牛** 県内ブランド牛の筆頭。融点が低く、あっさりした脂質が特徴。
神奈川	**葉山牛** 米や豆腐粕などを配合して飼料に。農林水産大臣賞を連続受賞。

※ 各地のJA、銘柄推進協議会等のウェブ
　サイトを参照

中部

新　潟	🐄 村上牛 村上市、関川村、胎内市で飼育。格付等級A4、B4以上のもの。
富　山	🐄 とやま和牛 コシヒカリの米ぬかなどを投与。旨み成分のオレイン酸が多い。
石　川	🐄 能登牛 江戸時代に加賀藩で推進された製塩業で活躍した役牛がルーツ。
福　井	🐄 若狭牛 明治時代から食用とされてきた伝統的な黒毛種。但馬牛系。
山　梨	🐄 甲州牛 肥育期間は30〜33ヵ月と長め。ウイスキー粕を飼料に採用。
長　野	🐄 信州牛 信州ならではのリンゴジュースの滓を飼料に。独特の芳香あり。
岐　阜	🐄 飛騨牛 全国的な知名度を誇るブランド牛の一つ。安定した肉質が魅力。
静　岡	🐄 あしたか牛 東部の愛鷹山麓で肥育。コクがあり、すき焼きとの相性が抜群。
愛　知	🐄 みかわ牛 黒毛和種。その中でも最高級ブランドが「みかわ牛ゴールド」。

近畿

三　重	🐄 松阪牛 ⇒ p.132
	🐄 伊賀牛 ⇒ p.137
和歌山	🐄 熊野牛 平安時代・熊野詣の盛期に都から連れられた荷牛に端を発する。
奈　良	🐄 大和牛 鎌倉末期、良牛が描かれた『国牛十図』にも取り上げられた銘牛。
滋　賀	🐄 近江牛 ⇒ p.134
京　都	🐄 京都肉 上記『国牛十図』に「丹波牛」として紹介された伝統の黒毛和種。
大　阪	🐄 大阪ウメビーフ 国産の漬け梅を与えて飼育。豊富な繊維質で健康な牛肉に。
兵　庫	🐄 神戸ビーフ ⇒ p.133
	🐄 但馬牛 その高い資質ゆえに、全国各地のブランド牛の素牛となっている。

山陽・山陰

岡　山	🐄 千屋牛 祖先は日本最古の蔓牛（中国地方で改良された優良系統の和牛）。
広　島	🐄 広島牛 神石牛と比婆牛のいいとこ取りで改良された高級黒毛和種。
島　根	🐄 石見牛 年に約200頭のみ生産。肉質が柔らかい未経産の雌牛に特化。
鳥　取	🐄 鳥取和牛オレイン55⇒p.138
山　口	🐄 見島牛 ⇒ p.139

四国

徳　島	🐄 阿波牛 阿波尾鶏、阿波ポークと並ぶ、徳島を代表する畜産ブランド。
香　川	🐄 オリーブ牛 ⇒ p.140
愛　媛	🐄 いしづち牛 西日本最高峰の名山として親しまれている石鎚山に因んで命名。
高　知	🐄 土佐あかうし ⇒ p.141

九州・沖縄

福　岡	🐄 小倉牛 小倉牛の生産頭数は年にわずか50頭程度。知る人ぞ知る逸品。
大　分	🐄 豊後牛 種雄牛には天皇賞や農林水産大臣賞を受賞するような名牛が。
	🐄 尾崎牛 ⇒ p.142
宮　崎	🐄 宮崎牛 和牛のオリンピック「全国和牛能力共進会」で3大会連続受賞の実績。
熊　本	🐄 くまもと黒毛和牛 一頭一頭の健康管理を徹底。まろやかな舌触りには定評がある。
佐　賀	🐄 佐賀牛 日本食肉格付協会の格付けによる呼称制限はトップレベル。
長　崎	🐄 壱岐牛 玄界灘に浮かぶ島・壱岐で島内一貫飼育にこだわっている。
鹿児島	🐄 鹿児島黒牛 平成の怪物種雄牛とされた「平茂勝」号など優秀な種雄牛を選抜。
沖　縄	🐄 石垣牛 ⇒ p.143

思わずハシが止まる!
語れるブランド牛の深 ─── いハナシ

肉好きなら、ブランド牛をただ味わって満足するのではもったいない。そのヒストリーや生産の背景、旨さの理由を語れてナンボ、である。ここでは12種類のブランド牛に秘められた12のエピソードにズームイン。読んで知った分だけ、肉からほとばしる旨みを実感できるようになるはずだ。

episode_01 松阪牛（三重県）

「肉の芸術品」が誕生するウラに "酒"あり

「日本三大和牛」の松阪牛は、いわゆる高級肉の代名詞としてあまりに有名だ。その中で最高級とされるのが「特産松阪牛」。但馬牛の雌の仔牛を購入後、松阪市および近郊で900日以上という長きにわたって肥育したもので（※通常の肥育期間は500日以上）、「手のひらに載せただけで、じんわり脂が溶け出す」と表現されるほど、融点の低い脂肪（不飽和脂肪酸）が特徴である。

そして面白いのが肥育のスタイル。肉通にはもはや説明不要かもしれないが、なんと食欲増進のためにビールを与え、体の血行を良くし、皮下脂肪を均一にするために焼酎でマッサージをすることがあるのだ。

「酒は百薬の長」という。適度な酒は健康に役立つという話だが、この点では人も牛も同じということだろうか!?

写真提供／松阪市役所農水振興課

お節介な **ウンチク** 三重県松阪市には、最高級の松阪牛を、なんと回転寿司ならぬ"回転焼肉"で味わわせてくれる「一升びん 宮町店」という焼肉店が存在。一頭買いしているため、さまざまな部位を楽しめるのが魅力だ。

その味は一人のスポーツ選手の命名を左右した

明治期に国際港として海外に門戸を開いた神戸。「コーベクラブ」と呼ばれた社交場には多くの外国人が集い、神戸ビーフが食された。

写真提供／
神戸肉流通推進協議会

　左の松阪牛とともに、我が国におけるブランド牛の最高峰に君臨するのが神戸ビーフ（神戸牛）だ。素牛（もとうし）になれるのは黒毛和種の頂点とされる但馬牛の未経産牛・去勢牛のみ。そのうち、霜降り度合いを表す「B.M.S」の値がNo.6以上など非常に厳しい認定条件をクリアしたもののみ、その名称を冠することを許される。

　さて、この霜降りに心を奪われるのは日本人だけではない。米国・フィラデルフィア出身の元NBAプレイヤー、ジョー・ブラ

イアントは、ステーキハウスで味わった神戸ビーフにいたく感動。「KOBE」という響きを活かして、息子を「コービー」と名付けた。彼こそが、あのマイケル・ジョーダンから後継者として指名されたスーパースター、コービー・ブライアントである。

お節介な
ウンチク　新神戸駅直結の神戸ビーフ館。館内の情報展示コーナーでは神戸ビーフが誇る最高品質と味の秘密を学ぶことができ、レストランでは神戸ビーフ食べ比べセットを味わうことができる。

133

近江牛に見る「食べ物の恨みは恐ろしい」

琵琶湖に代表される豊かな自然の中で育てられた近江牛は、但馬系の牛がそのルーツ。
写真提供／「近江牛」生産・流通推進協議会事務局

安政7年（1860年）に起こった「桜田門外の変」。江戸幕府大老・井伊直弼を暗殺するというこの事件は、幕末の日本を揺るがし、この国の未来を変えたものとして知られているが、ここに近江牛が深く関与しているとする俗説がある。

話はこうだ。水戸藩主の徳川斉昭は「烈公」の異名を取るほど、荒々しい気性の持ち主であった。彼はたいそう近江牛が好物だったようで、彦根藩の井伊家へ小梅の塩漬けを贈る代わりに、近江牛をもらっていたらしい。だが、直弼が大老になると、領内で牛馬の殺生を禁じ、件の献上を中止。斉昭が再三要請するもことごとく無視されたことから、水戸浪士が激怒して、直弼の暗殺に至ったということだ。これが実話なら、近江牛、畏るべし。

お節介な **ウンチク**　上記で述べた徳川斉昭と同じく、近江牛に魅せられた人物に豊臣秀吉がいる。秀吉は戦場で近江牛を食らい、その匂いで敵の戦意を喪失させたという説があるという。真偽のほどは不明だが。

「米沢牛の恩人」とされる英国人の正体とは？

「為せば成る、為さねば成らぬ何事も〜」の名言で知られる江戸時代の米沢藩主・上杉鷹山は教育熱心な人物であり、安永5年（1776年）に「興譲館」という藩校を開いた。そこで教鞭を執った英国人のチャールス・ヘンリー・ダラスが米沢牛のキーマンである。

故郷を懐かしんだ彼は、当時、四本足の動物は食さないとされた米沢で牛肉を味わい、その味に惚れ込んだ。そこで、任期満了後、横浜の居留地へ1頭の牛を持ち帰り、仲間の外国人たちに振る舞うと、彼らは大喜び。

そこで確信したダラスは米沢の仲買人と横浜の牛肉問屋を契約させ、「米沢牛」と名付けて販売した。すると、たちまち評判になり、米沢牛の名前がメジャー化したそうな。今でもダラスは「米沢牛の恩人」と呼ばれている。

チャールス・ヘンリー・ダラス

きめ細かな霜降りは芸術的だ。

米沢牛のふるさとは、山形県の南部に位置する置賜（おきたま）地方。四方を朝日、飯豊、吾妻、奥羽の山々に囲まれた盆地ゆえ、夏と冬の寒暖の差が激しい。そうした気候と豊かな自然が、素晴らしい肉質を育んでいるのだ。

写真提供／
山形おきたま農業協同組合生産販売部畜産酪農課

お節介な **ウンチク**　東京オリンピックの年（1964年）に販売されていた駅弁を再現した「復刻版米沢牛肉すきやき弁当」が、総菜・べんとうグランプリ2020の駅弁・空弁部門で優秀賞を受賞。

ルーツは日本×イギリスの「縁組」にあり

特徴は赤茶色の毛。「赤べこ」の愛称で親しまれている。 写真提供／いわて牛普及推進協議会

低カロリーなうえ、貧血予防に必要な鉄分、脂肪燃焼に必要なL-カルニチンという成分がたっぷり含まれているなど、ここ数年、赤身肉の評価はうなぎ登り。中でも、この「いわて短角和牛」は知る人ぞ知る存在だ。この銘柄を知っているだけでも、十分に肉通を気取れるが、賢者たるもの、一歩踏み込んで、そのルーツも押さえておこう。

岩手県が南部藩だった頃、険しい北上山地を越え、三陸の海産物を内陸へ輸送する手段として「南部牛」が用いられていた。これに、明治以降に輸入されたショートホーン種（原産国は主にイギリス。アメリカも）を交配して品種改良されたのが「いわて短角和牛」。つまり、やや乱暴な言い方ではあるが、「日本とイギリスのハーフ」というわけだ。

🐄 お節介な **ウンチク** 脂肪分が少なく、ヘルシーな赤身肉はステーキで味わうのがおすすめ。各社インターネット通販では、サーロイン・ヒレ・サイコロのステーキ食べ比べセットなどが人気。

伊賀牛は伊賀忍者のパワーの源だった!?

伊賀牛の存在は、同じく三重県を産地とする松阪牛の陰に隠れがちだが、実は全国各地の肉通が注目するブランド牛。一年の平均気温が約14度と県内でも低く、盆地特有の寒暖差のある気候が育む肉質は実に素晴らしいのである。

さて、伊賀といえば、伊賀流忍者の発祥の地として有名だが、じつは彼らは戦国時代以降、保存食として干し肉を携帯し、栄養補給をしていたと言い伝えられている。この乾燥肉こそが伊賀牛の元祖だったのではなかろうか、と言われているのだ。

ちなみに鎌倉時代に描かれた『国牛十図』にも伊賀牛は記載されている。

生産量のほとんどが地元で消費される、希少性の高い伊賀牛は、その濃厚な香りと味わいから「肉の横綱」と評されている。三重県の伊賀を訪ねたら、その歴史に思いを馳せつつ、滋味あふれる味わいを試されたい。

伊賀牛は、その80％が地域内の販売事業者によって農家の庭先で購買される。顔の見える関係で取引が行われるのだ。

写真提供／三重県農林水産部フードイノベーション課

お節介な
ウンチク 赤目四十八滝で知られる三重県名張市には、伊賀牛を使ったB級グルメ「伊賀牛 牛汁」がある。和風しょうゆ出汁に伊賀牛とネギを入れたものが基本。店先に掛けられた赤い暖簾が目印だ。

その「口どけ」の秘密は、オレイン酸

鳥取県産和牛の礎を築いた種雄牛「気高」号。この血統を強く引き継ぐほど、オレイン酸含有量が高くなる傾向にあるとされている。

健康志向の昨今、しばしば話の引き合いに出されるキーワードに「オレイン酸」がある。オリーブ油をはじめ植物油に多く含まれる脂肪酸で、動脈硬化、高血圧、心疾患などの生活習慣病を予防・改善する効果を持つ。言ってみれば、中高年にとっての心強い味方というわけだ。

この「鳥取和牛オレイン55」は、そのオレイン酸に着目し、「脂肪中にオレイン酸を55％以上含有していること」を認定基準にした新ブランド。オレイン酸の融点は16℃と低く、オレイン酸含有量の高い脂肪は融点の低い脂肪となり、なめらかな口どけを体感できる。健康とおいしさ、一挙両得なブランド牛として、要注目なのだ。

写真提供／鳥取県牛肉販売協議会

お節介な
ウンチク
「第1回全国和牛能力共進会」（1966年）の産肉能力検定で1等賞に輝いたのが鳥取県の種雄牛「気高（けたか）」号。全国の有名ブランド牛の始祖として、和牛界の歴史にその名を刻んでいる。

"純血"を守り抜いた、昔ながらのニッポンの牛

昭和3年頃の見島牛。体格は小さく、平均体高は130cm前後。　写真提供／ミドリヤファーム

　"和牛界"を語るうえで「見島牛」を抜きにすることはできない。というのは、明治維新以降、和牛と外来種の交配が数多く進められ、日本古来の純粋な和牛が姿を消していくなか、この見島牛は純粋種を守ってきたいわゆる"純血"であり、昭和3年に国の天然記念物に指定されている。

　生息するのは山口県萩市の北方に浮かぶ離島「見島」。天然記念物として繁殖用に飼育されている。廃用となった雌牛や去勢子牛が、わずかに肉牛として本土に運ばれるが、ほとんど出回らない幻の牛である。和牛本来の霜降り、味わうチャンスがあればトライすることをお勧めする。きっと、大威張りできるにちがいない。

お節介な **ウンチク**　山口県萩市の牛肉販売店「みどりや」では、希少性が高い見島牛の雄とホルスタインの雌を掛け合わせた「見蘭牛」を肥育し、自社の精肉店や焼肉レストランで提供している。

episode_09 オリーブ牛（香川県）

オリーブと牛の「おいしい関係」とは？

香川県で「オリーブ牛」とくれば、その正体については大体想像がつくだろう。そう、県の特産物・オリーブで育てられた牛である。より正確に言えば、オリーブオイルを搾油した後の果実を飼料とする牛で、コクがあってヘルシーと評判だ。

さて、この「コク」と「ヘルシー」の理由だが、それは取りも直さずオリーブにある。豊富に含まれるオレイン酸が旨みの素となり、抗酸化成分が体内の老化を抑制してくれるのだ。ちなみに、当初、オリーブを飼料化するの

に難儀したらしい。どうも牛が渋みを嫌ったようで、ならばと干し柿にヒントを得て乾燥させてみたところ大成功したそうな。「おいしい」の背景には、こうしたたゆまぬ努力が重ねられているのである。

「日本オリーブ発祥の地」として知られる小豆島。オリーブは香川県の県木でもある。

写真提供／香川県農政水産部畜産課

お節介な **ウンチク**　オリーブ牛はすき焼きやしゃぶしゃぶなど一般的な肉料理で味わうのももちろんいいが、ローストビーフやサラダに活用するのも一興。脂がさっぱりしているからできる楽しみ方だ。

熟成肉ブームの「キラー・ミート」

土佐あかうしのルーツは明治にあり。田畑の使役牛として輸入された韓牛や九州方面から導入された牛に端を発する。 写真提供／高知県農業振興部畜産振興課

ここ数年、熟成肉がブームだ。ドライエイジングといって、6週間程度、熟成庫で寝かせて肉の旨みを向上させる調理法も市民権を得た感がある。そして、このドライエイジングに適したブランド牛の一つが「土佐あかうし」だ。

高知県の山間部を中心に飼育される褐毛の牛の最大の持ち味は「赤身のおいしさ」。干草や野草をたっぷり与えて育てることで、脂肪がバランスよく散らされた赤身肉に。噛めば噛むほど肉の旨みが口中に広がる土佐あかうしは、こだわりの熟成肉を提供することで知られる大阪の「又三郎」などで試すことができる。脂肪が入りやすい黒毛和種とは異なる褐毛和種の魅力、一度味わってみてはいかがだろうか？

お節介な
ウンチク　近年の赤身肉人気を受け、土佐和牛ブランド推進協議会では、2020年4月から、独自の評価基準を満たしたものを、土佐あかうしの新ブランド「Tosa Rouge Beef」として認定。

高い肉質の秘密は自家配合の餌にあり

　地名ではなく生産者の名を冠したブランド牛「尾崎牛」。畜産王国アメリカで最先端の技術を学んだ尾崎宗春氏が「本当に自分が食べたい牛肉を作ろう」と決心してから30年かかって「ようやく自分の名を付けられる牛が出来るようになった」そうだ。その品質の源はビール酵母など13品を独自の比率で配合した餌。1日2回自身でブレンドするのは防腐剤や抗生物質を避けるためだ。また一般的な肥育期間より4ヵ月以上も長い32ヵ月強かけて育て上げることで牛が「完熟」し、融点の低い上質な脂と旨み溢れる赤身を作り出せるとか。ニューヨークのスターシェフほか海外でも絶賛されていることがおいしさを証明している。

毎日2回2時間かけてブレンドするこだわりの飼料。牛の肥やしで育てた牧草も使う循環型の農業だ。

お節介な **ウンチク**　尾崎牛は尾崎氏の目が行き渡る数しか肥育していない。出荷頭数は月に国内30頭、海外30頭の計60頭。34ヵ国に輸出しており、海外からも人気の高さがうかがえる。

各国首脳の舌を惑わせたジャパンブランド

雄大な土地に青々と育つ牧草、年中温暖な気候、豊かな水。　　写真提供／時事通信フォト
石垣島には和牛繁殖に適した条件が揃っている。

　細丸麺の八重山そばや島胡椒のピパーツなど、石垣島には、沖縄本島とも違う独自の食文化が根付いている。「石垣牛」はその筆頭だ。ハワイとほぼ同じ緯度に位置し、燦々と照りつける日差しを浴びながら育った牛の肉質は、ほかの黒毛和種と異なり、独特のコクを湛えている。

　そして、そのコクは世界各国の首脳にも絶賛された。2000年7月に開催された沖縄サミットにおける晩餐会のメインディッシュに石垣牛が用いられたのだ。これをきっかけに石垣牛の知名度は一気に全国区へ。枝肉の出荷要請は後を絶たず、県内でも気軽に口にするのは難しくなっているそうだ。"出会ったときが吉日"、なのである。

お節介な
ウンチク　南ぬ島石垣空港の売店では、砂川冷凍総合食品が一流ホテルのシェフとコラボレーションした、石垣牛のオリジナルハンバーグが人気。手頃な価格も魅力的で、通販でお取り寄せも可能。

和牛の肥育現場、拝見
〜宮崎県・尾崎牛牧場を訪ねて〜

宮崎市大瀬町 尾崎牛牧場 ◉

　私たちが口にする美味しい和牛はどのように育てられているのだろうか。和牛肥育の名人「尾崎牛（p.142）」の尾崎宗春氏に案内いただいたのは宮崎市内の農協で行われる仔牛のセリ市だ。

　和牛をつくる農家は通常「繁殖農家」と「肥育農家」に分かれる。繁殖農家が生産した生後8〜10ヵ月程度の仔牛を購入する場がこのせりなのだ。

　会場にずらりと並んだ400頭近い仔牛を尾崎さんはすごいスピードで目利きしていく。爪や皮膚、

毛の質、全体的な印象などで判断するそうだが一頭あたりにかける時間は数秒から数十秒といったところ。まさに熟練の技だ。そのほか、父牛や母牛、生産者の情報も重要な判断要素となる。

　購入した時点では250〜300kgほどの仔牛を、20ヵ月前後かけて700〜800kg程度の大きさまで育てるのが肥育農家の仕事だ。今度は同じく宮崎市内にある尾崎さんの牧場を訪ねてみた。

　どのような餌を与えるか、どういった環境で育てるか、そしてどれくらいの期間をかけるか。各肥育農家のノウハウであり個性が出るところ。尾崎さんはp.142で紹介したように13種類の材料を独

自配合した餌を与え、トータル32ヵ月以上という長い期間をかけてゆっくりと牛を大きくしていく。一方、一般的な肥育農家では28ヵ月程度で出荷することが多いようだ。

黒毛和牛は、放し飼いにはせず牛舎で育てる。ここにも肥育農家ごとのやり方がある。尾崎さんは仔牛のうちは5〜6頭ずつ、大きくなったら2〜3頭ずつを1つの囲いに入れる。牛はもともと群れで暮らす動物。数頭が同居することで適度な競争心が芽生えて餌をしっかり食べるようになるのだという。こんなことからも、とことん牛の気持ちになって観察を続けているプロフェッショナルの姿勢がうかがえる。

出荷間近の牛は近くで見ると圧倒されるほど大きい。尾崎牛の場合、1日に食べる量が10kgから少しずつ減っていき、やがて5kg程度しか食べなくなったころが出荷どきだという。餌を与えても見向きもせずのんびりと寝ている牛はまるでこの世での命を全うし、出荷される日を静かに待っているようにも見えた。

現在はトレーサビリティ法によりすべての和牛には個体識別番号が割り振られているので、インターネットを使えば生産者、肥育者を簡単に調べられる。美味しい牛を口にしたとき、その牛を育てた肥育農家にまで想いを馳せてみるのも悪くないかもしれない。

http://www.ozaki-beef.com

シンガポールローカルの「屋台
焼肉店」。ちゃんと「YAKINIKU」
という言葉を使っている。

シンガポールの
ローカル資本焼肉店。

海外焼肉事情
〜焼肉からYAKINIKUへ〜

石田 傑
BEEF YAKINIKU DINING YAKINIQUEST

　寿司、ラーメン、焼肉。日本人の好きな食べ物トップ3によく挙げられるこれらのうち、寿司とラーメンが既に世界中で親しまれていることはよく知られている。では焼肉はどうだろうか？

　「『焼肉』を世界の言葉に！」との想いで、いち焼肉ブロガーから海外に飛び出して焼肉店を経営するに至った私の個人的な主観になるが、残念ながら欧米においては焼肉の知名度はまだまだ低いと言わざるを得ないだろう。しかし私が店を構えているシンガポールや、アジア各国での最近の焼肉人気は日本人が想像する以上かもしれない。

　私が店をオープンした6年前、シンガポールに焼肉店は20店弱しかなかった。その時から今までに新しく出来た焼肉店は30店ほどである（閉店した店を含む）。現在でも営業している店は40店近くを数える。たった人口560万人程度の小さな島国に、だ。

　ちなみにここでカウントしているのは「日本式焼肉」のみだ。話がやや横道にそれるが、海外では「日本式焼肉」と「韓国式焼肉」は別のものと認識されている。当の日本では焼肉は韓国料理カテゴリーに置かれることが多いのに、面白いものである。

台湾の大人気焼肉店。
右は同店の従業員の
皆さんと石田氏（前列
中央）。本書の底本で
ある『焼肉美味手帖』
中国語版を、同店では
教科書のように使っ
ているとのこと。

香港資本の焼肉店のシンガポール支店。「日式焼肉」を謳い、韓国料理とは違うことを強調している。

NYのミシュラン星つき韓国式焼肉店「COTE」。

　さらに注目すべきはプレーヤーが多様になってきていることだ。かつては日本資本か現地資本のいずれかがほとんどであったが、それ以外の国、例えば香港や台湾からも「日本式焼肉」がシンガポールに参入してきている。例えれば日本の会社が中国でピザの店を開くようなものだ。つまりアジアでは「YAKINIKU」は既にグローバルコンテンツと化しているのである。

　ちなみに今、シンガポールで最も予約が取れない焼肉店のひとつは、ムスリムのかた向けにハラール認証を受けた和牛を取り扱う店だ。頭をヒジャブという布で覆った女性達が賑やかに焼肉をつつく姿はYAKINIKUのグローバル化を実感させる光景だ。

　シンガポールだけではない。タイや台湾では焼肉は以前から人気が高いし、香港では富裕層向けの高級焼肉店が連日満席だ。中国でも和牛人気の高まりとともに焼肉店が増えていると聞く。もとよりアジア各国には、火鍋やムーカタ（タイ式焼肉）など「客が自分で調理する」食事の文化があり、これも焼肉の普及を後押ししているのだろう。

　今後は欧米の方々にも焼肉の魅力を知ってほしいところだ。例えばニューヨークの韓国式焼肉店「COTE」は、ステーキハウスのようなモダンな内装で、一般的な焼肉よりも大きめの塊で肉を提供し、店員が目の前で焼いてカットするという欧米人にも受け入れられやすいスタイルでミシュラン一つ星を獲得している。日本式焼肉も工夫次第で、寿司やラーメンに負けない日本料理の代表選手になれる日も近いのではないだろうか。

焼肉探究ユニット「YAKINIQUEST」が『『焼肉』を世界の言葉に！」のスローガンのもと、2015年1月29日にオープンした焼肉店。コース形式でさまざまな部位の楽しみ方を提案。

BEEF YAKINIKU DINING YAKINIQUEST
48 Boat Quay, Singapore 049837 +65 6223-4129

豚

Pork

　一般的に「焼肉」というと牛肉が連想されがち
だが、焼肉店の中には豚肉を提供する店も少な
からず存在する。そこで、この頁からは豚肉につ
いて駆け足で解説していく。

　ちなみに、沖縄には「豚は鳴き声以外、捨てる
ところがない」と言われるほど、豚を頭から足ま
で見事に食べる文化がある。豚肉は良質なタン
パク源であり、疲労回復効果の高いビタミン B_1 が
豊富。沖縄にご長寿が多いのは、豚肉をよく食
べるからとも言われている。

意外と知らない
「豚肉」の豆知識
三元豚って何?

三元豚＝ブランド豚と理解しているとしたら、
それはNG。簡単に言うと、3種の豚を掛け合
わせて生産した豚のこと。日本の養豚業界で
主流なのは、ランドレース種の雌と大ヨーク
シャー種の雄を掛け合わせ、生まれた豚の雌
にデュロック種の雄を交配させたものだ。

品種を知る＝美味しい豚肉選びの指標を得ること！

　日頃、我々が口にする豚肉は数種類の品種を掛け合わせて成立している。各々の品種の特長を活かし合うことで、より美味しく、質が安定した豚を生産できるのだ。以下で紹介するのは、日本で生産されている代表的な4品種。例えば「三元豚」という言葉を見て、「この豚の祖父は大ヨークシャー種だから〜」なんて会話ができたら、かなりの豚肉通である。

ランドレース種

デンマークの在来種に大ヨークシャー種を交配して成立。大型で、伸びのある流線形をしている。脂肪が薄くて肉量が多く、加工用に適する。主要な雌系品種として飼養頭数は多い。

ヨークシャー種

イギリス・ヨークシャー州原産の白色種。日本には大ヨークシャー（赤身と脂身の割合が良く、加工用に適している）と中ヨークシャー（飼養頭数は減少傾向。肉質が秀逸）がいる。

――――――――――――　豚 の 種 類 　――――――――――――

デュロック種

一般には、米国・ニュージャージー州のジャージーレッドとニューヨーク州のニューヨークレッドが主体となって成立したとされている。綺麗な霜降りと、身のしまった赤身が特徴だ。

バークシャー種

イギリス・バークシャー州原産。6つの白斑があることから「六白豚」とも呼ばれる。日本では現在、九州南部で飼育されている。肉の品質がよく、いわゆる「黒豚」として人気を集める。

豚　正肉

肉質に差がなく、食べ分けられたら上級者！

　豚の正肉は、牛肉ほど部位別の肉質に差がないのが特色で、ほとんどの部位が幅広い料理に使えるのが魅力である。

　以下は、公益社団法人日本食肉格付協会が定める「豚部分肉取引規格」を基に、さらに細分化したもの。最も豚肉らしい「肩ロース(p.151)」、最も柔らかい部位として知られる「ヒレ(p.152)」、韓国の焼肉店では「サムギョプサル」としてお馴染みの「バラ(p.153)」、モモの外側にある「ランイチ(p.154)」「ソトモモ(同)」、内側にある「シンタマ(p.155)」「ウチモモ(同)」などについて紹介していく。

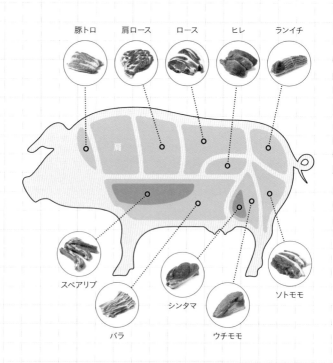

豚トロ　　肩ロース　　ロース　　ヒレ　　ランイチ

スペアリブ

シンタマ

ソトモモ

バラ

ウチモモ

マグロのトロを彷彿させる霜降り具合

豚トロ　英名 Fatty Pork (from Neck)

　見た目がマグロのトロに似ていることから、その名が付けられた。別名「ピートロ」。首の部分の肉で、さっぱりと歯ごたえのある食感が持ち味。塩と胡椒で味付けし、レモンを搾ってシンプルに味わうのがお勧めだ。

肉のコクと歯ごたえを堪能するならコレ

肩ロース　英名 Shoulder Roast

　ロースに続く肩側の肉。肉のきめはやや粗く、赤身の中に脂肪がほどよく入っているのが特徴。コクのある味わいで、カレーや焼き豚、焼肉、しょうが焼きなどにぴったり。調理前にスジ切りするのをお忘れなく。

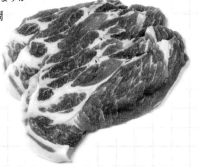

牛
ま
え

牛
ロ
イ
ン

牛
と
も
バ
ラ

牛
も
も

牛
ホ
ル
モ
ン

豚
肉　　正
肉

鶏
肉

脂が旨い！ 言わずと知れた豚肉の王様

ロース 英名 Loin

　胸から腰にかけての背側の肉。きめが細かく、肉質は柔らかい。肉の色が淡灰紅色で、つやのある鮮やかなものが最上とされる。ふちの脂身の部分にも旨みが凝縮。トンカツやポークソテー、ハムなどにうってつけだ。

美肌効果が期待できて女性に人気

ヒレ 英名 Fillet, Tenderloin

　ロースの内側に左右1本ずつあり、1頭から1kgしか取れない貴重な部位。極めてきめが細かく、豚肉の中で一番良質とされる。美肌効果のあるビタミンB1が最も多く含まれるため、女性からの人気も高い。

噛めば噛むほど旨みが口いっぱいに広がる

 バラ 英名 Back Ribs, Belly

　ロースを取り除いた胴部の腹側の肉。脂肪と赤身が交互に3層になっているため、三枚肉とも呼ばれる。肉のきめはやや粗いものの、肉質は柔らかく、濃厚な脂身が特徴。ベーコンに使われることでも知られている。

がっつり豪快に食らいつくのがお約束

 スペアリブ 英名 Spareribs

　骨付きのバラ肉。骨の周りならではの濃厚な旨みが最大の魅力だ。アメリカではバーベキューで豪快にかぶりつく光景がおなじみ。日本では沖縄のソーキそばにスペアリブの煮込みが用いられている。

153

牛
ま
え

牛
ロ
イ
ン

牛
と
も
バ
ラ

牛
も
も

牛
ホ
ル
モ
ン

豚
肉　正
肉

鶏
肉

豚本来の旨みを楽しませてくれる赤身肉

 # ランイチ 英名 Rump and Aitchbone Meat

　腰からモモにかけての部位で「ランプ」と「イチボ」を含めた呼び名。味に深みがある、柔らかい赤身肉だ。牛肉の「ランイチ（p.76-79）」は、近年メジャーになってきたが、豚肉は希少性が高い。遭遇したらお試しを。

どんな料理にもハマる万能選手

 # ソトモモ 英名 Ham

　尻に近く運動量が多い部分ゆえ、肉のきめはやや粗く、色はやや濃いのが特徴。淡白な味なので、意外とどんな料理にも対応可能。薄くスライスしてローストポークにするも、角切りにしてシチューにするもよしだ。

疲労回復に役立つタンパク質がたっぷり

 ## シンタマ 英名 Round

　きめが細かく、脂肪がほとんど入っていない肉質は、下のウチモモと変わらないが、ウチモモより赤みが強い。疲労回復に役立つタンパク質や鉄分が豊富。加熱しすぎると硬くなるので、調理するときは注意が必要だ。

ヒレに似た、しっとりなめらかな赤身

 ## ウチモモ 英名 Top Round

　後脚の付け根の内側の部分。きめが細かく、しっとりとなめらかな食感はヒレを思わせる。豚肉の中では最も脂身が少ない。酢豚や煮込み料理など、かたまり肉を利用した料理に向いているといえる。

やきとんブームで認知度が急上昇!

　ここ数年間で市民権を得た感があるグルメ、やきとん。その材料となっているのが以下の図に表されている豚のホルモンである。p.97でも触れたように、牛と同様に枝肉以外の副生物はすべてこのくくりに含まれるため、「ハラミ(p.158)」のように、その食感がほぼ食肉と変わらないものや、「タン(p.157)」のようにクセがない部位も含まれる。

　淡白でホルモン初心者でも食べやすい「ハツ(p.159)」や、ミルキー感が病みつきになる「チチカブ(p.163)」など、味の幅の広さがホルモンの魅力。ぜひ好みを見つけてほしい。

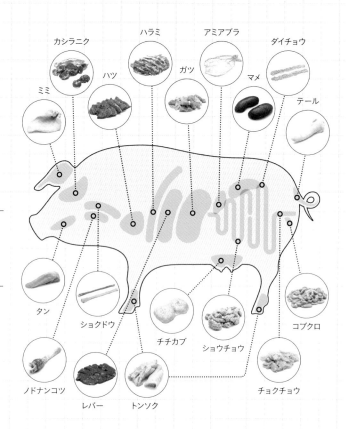

カシラニク

ミミ

ハツ

ハラミ

ガツ

アミアブラ

マメ

ダイチョウ

テール

タン

ショクドウ

チチカブ

ショウチョウ

コブクロ

ノドナンコツ

レバー

トンソク

チョクチョウ

牛タンよりさっぱりしてコリコリ！

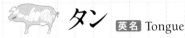

タン　英名 Tongue

　牛タンと比べると存在感の薄い豚タンだが、近頃は焼肉店で見かける機会も増えてきた。牛より脂肪が少なく、タン元と先端の肉質がほぼ変わらず、コリコリの食感を堪能できる。好みに応じて牛と豚を選べれば一人前だ。

コラーゲンたっぷりで翌朝にはぷるぷるの肌に

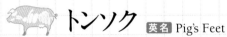

トンソク　英名 Pig's Feet

　その名のとおり豚の足。正確には足関節から下の部分。肉は少なく、ほとんどが軟骨や筋、皮で構成。ゼラチン質の中には美肌に効くコラーゲンがたっぷりだ。沖縄では「テビチ」とも呼ばれ、煮込み料理などに使われる。

適度にひきしまった噛み心地がたまらない

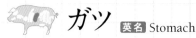

ガツ 英名 Stomach

　豚の胃袋。さっぱりした味と、鶏の砂肝のようなコリコリした歯ざわりが特徴。肉質は硬いので柔らかく煮たものを焼肉や炒め物に使う。食道に近い「ガツ芯」は特に上質な部位。うっすらしたピンク色が新鮮さを物語る。

一度食べたら病みつきの「ホルモンの王様」

ハラミ 英名 Diaphragm(Skirt), Hanging Tender

　横隔膜の両脇にある筋肉で、焼肉屋でも人気のホルモンの上位にランクインする部位(ちなみに横隔膜の中心部は「サガリ」)。肉質は柔らかく、凝縮した旨みを味わえる。韓国では「カルメギサル」の名で親しまれている。

ホルモン好きの心をくすぐる「食感」がキモ

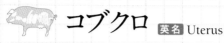

コブクロ 英名 Uterus

　子宮。コリコリ、クニュクニュの食感を同時に楽しめて、ホルモン好きにはたまらないはずだ。味わいは淡白。赤身肉と同じぐらいのタンパク質を含み、滋養強壮に効果あり。塩焼きにしてレモンでさっぱり召し上がれ。

ホルモン初心者でも食べやすい淡白な味わい

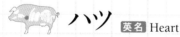

ハツ 英名 Heart

　心臓。肉厚かつ緻密な筋繊維から成り、歯ごたえは抜群。味わいは、牛ハツと比べて淡白でクセがない。表面につやがあり、赤身部分が赤桃色をしているのが新鮮な証拠。肉質の弾力性が高ければ、さらに間違いない。

脂の旨みにとことん心酔させられるホルモン

 # ショウチョウ 英名 Small Intestine

　小腸ならではの細長い形状で、脂がたっぷり付いているのが特徴。「ヒモ」とも呼ばれる。やや硬めだが、煮込んだりすることで柔らかく、風味豊かな味わいに。串焼きにしてもおいしくいただける。

健康に欠かせない「栄養の宝庫」

 # レバー 英名 Liver

　豚の肝臓。独特の味と香り、ねっとりした食感で好き嫌いが分かれる部位だが、栄養は満点。例えば内臓の中ではビタミンAが最も多く、ビタミンB_1、B_2、鉄分も豊富である。あらゆる料理に適しているのも魅力だ。

ホルモン上級者向けの希少部位

 チョクチョウ 英名 Rectum

　直腸。開いた形が鉄砲に似ていることから、「テッポウ」とも呼ばれる。1頭からわずかしか取れない貴重な部位で、独特の弾力で噛めば噛むほど味が出るのが特徴だ。通に好まれる隠れた逸品、一度味わってみてほしい。

料理を簡単においしくする偉大な「助っ人」

 アミアブラ 英名 Crépine（Caul Fat）

　内臓の周りに付いている網状の脂のこと。フランスでは「クレピーヌ」という。脂肪が少ない部位の肉をソテーやローストにする場合、これで包んでおくと、パサつかずに、しかも脂の旨みがのっておいしく仕上がる。

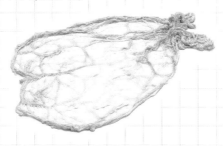

やきとん屋で大人気、強い酒ともよく合う

カシラニク　英名 Head Meat
（Temple, Cheek, Skull Meat）

　豚の頭の肉である。カシラニクと一口に言っても、コメカミ（こめかみ）、ツラミ（頬）、ミミガー（耳）など部位によってさまざまな呼び名を持つ。ゼラチン質が豊富で低カロリー。これの串焼きと焼酎は実によく合う。

コリコリの歯ごたえと脂の絶妙なハーモニー

ショクドウ　英名 Esophagus

　別名、ノドスジ。ノドナンコツより奥にある、食道の管の部分。管を半分に開いて使われる。ナンコツより歯ごたえがあるものの、脂もしっかりのっている。赤身肉に近い味で、焼肉店で提供されることもある。

クニュクニュした噛み心地にハマる人続出

ダイチョウ 英名 Large Intestine

　大腸。ショウチョウよりもやや太く、コシのある歯ごたえが特徴。脂がたっぷり付いているがゆえのクニュクニュとした食感にハマる人は多い。長時間煮込む料理にも適しており、もつ煮やもつ鍋によく使われている。

柔らかくてプリップリ、ミルキーな味わい

チチカブ 英名 Breast

　豚の乳房。別名、オッパイ。淡いピンク色をしている。脂がしっかりのっていて、プリプリして柔らかいのだが、なかなか噛み切りにくい。口に広がるミルキーな味わいは一度食べたらクセになるかもしれない。

牛　まえ

牛　ロイン

牛　ともバラ

牛　もも

牛　ホルモン

豚肉　ホルモン

鶏肉

独特の歯ごたえをおつまみ感覚で楽しもう

 ノドナンコツ　英名 Tracheal(Windpipe) Cartilage

のどぼとけから気管の部分の軟骨。気管の先の部分を薄く輪切りにするとドーナツのように中が空洞の形状が現れることから「ドーナツ」とも呼ばれる。コリコリした独特の食感で、おつまみ感覚で味わえる。

噛めば噛むほど旨みが湧き出る！

 テール　英名 Tail

しっぽ。豚の部位の中でも特に硬い部分。長時間煮込むとトロトロになって、旨みを倍増させる。スープやシチューに使ってもおいしい。ゼラチン質でコラーゲンをたっぷり含んでいるので美肌効果も期待大。

クラゲのようにコリコリした食感

 ミミ 英名 Pig's Ear

　豚の耳。ミミガーとも呼ばれ、沖縄料理でもおなじみである。皮と軟骨が主成分で、クラゲに似たコリコリとした食感が特徴。炙って焼いて食べるのもいいし、茹でて細切りにしたものを酢醤油で和えていただくのも一興だ。

レバーの味と食感をさわやかにした感じ

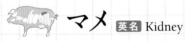 マメ 英名 Kidney

　腎臓。ソラマメの形に似ていることから、この名が付けられた。肉質のキメが細かく、シコシコとした食感が特徴。ビタミンA、B_1、B_2、C、E、鉄分など栄養分が豊富なのは魅力である。しっかり火を通して召し上がれ。

鶏
Chicken

かつては大名や公家など身分の高い人たちの観賞用や愛玩用の動物でもあった鶏。食用となったのは江戸時代の終わり頃で、一般的に食べられるようになったのは明治時代に入ってからとされている。

牛肉や豚肉と比べて、必須アミノ酸が豊富で、脂質は半分。コレステロールを低下させる不飽和脂肪酸を多く含むので、生活習慣病が気になる人も安心。皮を除けば低カロリーゆえ、ダイエット中の方におすすめだ。

意外と知らない
「鶏肉」の豆知識

美肌に効く!?

鶏肉に含まれる栄養素で注目したいのがレチノール。文部科学省の食品成分データベースによれば豚肉の約3倍強、牛肉の約10倍も含まれている(ひき肉で比較した場合)。レチノールは皮膚や粘膜を強化し、美肌に効くとされている成分。世界三大美女の一人である楊貴妃は、鶏の手羽先を煮込んだ料理を好んだといわれている。コラーゲンもたっぷりで、ダブルの効果が期待できるというわけだ。

「ブロイラー」について正しく理解するべし

　鶏肉を語るときに、よく登場する「ブロイラー」という単語。これを鶏肉の種類と思っているとしたら大間違い。ブロイラーとは、食肉用に品種改良された交雑種を約8週間かけて2.6kg程度に肥育した「若鶏」のことを指す。以下に、このブロイラーに利用される3品種、「白色コーニッシュ」「白色プリマスロック」「名古屋種（名古屋コーチン）」を紹介しよう。

鶏 の 種 類

写真提供／独立行政法人　家畜改良センター
兵庫牧場

白色コーニッシュ

イギリスでさまざまな品種を交配して作出されたインディアンゲームという品種が起源。成長速度が速く、胸の肉付きがいい。現在、ブロイラー作成用の雄系として利用されている。

写真提供／独立行政法人　家畜改良センター
兵庫牧場

白色プリマスロック

1888年に米国で公認された品種。優れた産卵力を持つ。近年のブロイラー生産は、雄系を上記の白色コーニッシュ、雌系にこの白色プリマスロックを利用する交雑鶏が主流となっている。

写真提供／愛知県農業総合試験場
畜産研究部　養鶏研究室

名古屋種（名古屋コーチン）

中国起源の品種コーチンは、羽色により白色コーチン、黒色コーチン、バフコーチンといった呼び方をされている。名古屋コーチンは尾張地域の在来種との交配種で、成体重は、雄4.0kg、雌3.0kg、性成熟は6ヵ月。

焼鳥屋で見かける「正肉」の読み方は？

焼鳥屋の基本メニューのひとつ、「正肉」。これを「しょうにく」と読むのか「せいにく」と読むのかわからず、まごついた経験はないだろうか。正しくは、牛や豚肉に同じ「しょうにく」。ぜひ、これからは自信を持ってオーダーしていただきたい。

ところで鶏の「正肉」とは、一般社団法人 日本食鳥協会の「食鶏取引規格 食鶏小売規格」によれば「ムネ（p.169）」と「モモ（同）」がそれにあたる。ムネ肉に近接する「ササミ」も含まれそうなものだが、深胸筋として、正肉には含まれない。意外な事実として押さえておこう。

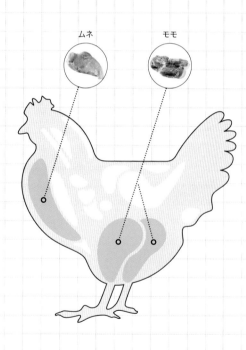

ムネ　　モモ

牛
まえ

牛
ロイン

牛
ともバラ

牛
もも

牛
ホルモン

豚
肉

鶏
肉　正肉

健康食品として注目の部位

ムネ 英名 Breast

　脂肪が少なく、鶏肉特有の臭みもほとんどなし。皮と一緒に食べると味が強くなるが、近頃は健康志向の影響で皮なしで販売されることが多い。アンチエイジングに効くと言われているアンセリンやカルノシンを豊富に含む。

もちもちっとした弾力感で大人気

モモ 英名 Thigh / Leg

　焼き鳥、から揚げ、煮物。コクがあって、適度に脂肪が付いていることから、あらゆる料理に大活躍。カロリーを抑えたいときは、皮と身の間の脂肪を取り除こう。疲労回復に効果があるとされるタウリンを含むのも魅力だ。

牛　ま　え

牛　ロ　イ　ン

牛　と　も　バ　ラ

牛　も　も

牛　ホ　ル　モ　ン

豚　肉

骨付き肉・副品目

鶏　肉

多彩な料理に変身！ 鶏のワンダーランド！

　きつね色をしたジューシーなフライドチキン、栄養がたっぷり詰まったニラレバ、砂肝のコンフィ……部位によって、さまざまな調理法で楽しめるのは、鶏の大いなる魅力である。

　ここからは、鶏の正肉以外……つまり、「手羽先（p.171）」や「手羽元（同）」といった骨付き肉、「ササミ（p.172）」、「レバー（同）」などの内臓系を取り上げる。焼鳥屋のメニューに登場する希少部位の名前も見つけられるだろう。それが何たるかを知れば、一本の串がより味わい深くなるはずだ。

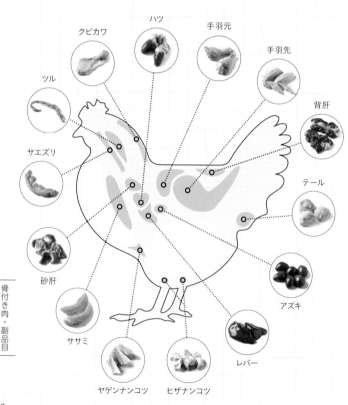

ツル

クビカワ

ハツ

手羽元

手羽先

背肝

サエズリ

テール

砂肝

アズキ

ササミ

レバー

ヤゲンナンコツ

ヒザナンコツ

ゼラチン質、コラーゲンたっぷり
手羽先 英名 Wing

　鶏の羽の先の部分。肉は少なく、ゼラチン質や脂肪分が多いのが特徴。じっくり煮込むと、このゼラチン質が溶け出してくるので濃厚な味わいを楽しめる。から揚げにして皮のパリパリ感を楽しむのも一興だ。

手羽先よりさっぱりといただける
手羽元 英名 Drumstick

　鶏の羽の付け根の部分。手羽先に比べて脂肪が少なく、淡白な味わい。ムネに似た肉質といえよう。骨付きゆえ、スープや鍋に入れると骨からの出汁が旨さを引き立ててくれる。油との相性がよく、揚げ物にも向いている。

牛
ま
え

牛
ロ
イ
ン

牛
と
も
バ
ラ

牛
も
も

牛
ホ
ル
モ
ン

豚
肉

鶏
肉

骨付き肉・副品目

高タンパクで脂肪レス

ササミ　英名 Tenderloin

ムネの奥の竜骨に張り付いている部位で、形が笹の葉に似ているからこの名前が付いた。鶏肉の中で最もタンパク質が多く、脂肪が少ない。あっさりとして上品な味わいが特徴。ダイエットをしている人に好まれる。

牛や豚と比べてレバー特有のクセがマイルド

レバー　英名 Liver

肝臓。「きも」とも呼ばれる。ビタミンA、B1、B2、鉄分を豊富に含む。牛や豚のレバーほどクセがなく食べやすいため、鶏のレバーなら食べられるという人は多い。糖質が少なく、カロリーを気にする人にうってつけだ。

鶏でしか味わえないコリッとした歯ごたえ

砂肝 英名 Gizzard

　鳥類ならではの内臓で「砂嚢」や「筋胃」ともいう。歯がない鳥類は、食べ物を歯で噛み砕く代わりに、この砂肝の中で砂粒を使い、食べ物を磨り潰している。味にはクセがなく、独特のコリッとした歯ごたえがある。

さまざまな栄養素を効率よく摂取できる

ハツ 英名 Heart

　心臓。「こころ」とも呼ばれる。コリコリした歯ごたえと内臓特有の柔らかさの両方を楽しめる部位だ。貧血に効く葉酸や血液のもとになる鉄分、ビタミンAを豊富に含む。串焼きのほか、煮物、炒め物、揚げ物にしても◎。

牛
ま
え

牛
ロ
イ
ン

牛
と
も
バ
ラ

牛
も
も

牛
ホ
ル
モ
ン

豚
肉

骨付き肉・副品目

鶏
肉

ビールのつまみにうってつけ

ヤゲンナンコツ　英名 Breast Cartilage

鶏の胸骨の先にある軟骨で、Y形の骨の形状が生薬を磨り潰す道具の「薬研」に似ていることから、この名が付けられた。醍醐味はコリコリとした食感。塩でシンプルに味付けして焼くだけで最高のつまみになる。

メインで食すも、料理の脇役にするもよし

ヒザナンコツ　英名 Knee Cartilage

鶏の膝の関節にある軟骨で「げんこつ」とも呼ばれる。上の「ヤゲンナンコツ」と同様、コリコリとした食感がたまらない。骨の部分がツルツルしているため、調理するときはしっかり焼こう。スープの出汁を取るのに使ってもいい。

1羽から数gしか取れない希少部位

ツル 英名 Neck

「小肉」とも呼ばれるこちらは、若鶏の首の周りの肉のこと。焼鳥店では「セセリ」という名前で提供されることもある。よく運動する部位なので、シコシコした歯ごたえがあり、深みとコクのある旨みを堪能できる。

脂の旨みを焼き鳥、ボイルで堪能

クビカワ 英名 Neck Skin

　読んで字のごとく「首の皮」。脂の旨みをストレートに感じられる部位。美肌を導くコラーゲンが含まれるので、特に女性に一押し。焼き鳥はもちろん、細かく刻んだものをボイルしてポン酢で和えるのもよし。

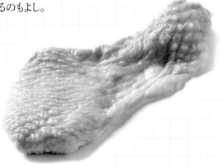

牛
ま
え

牛
ロ
イ
ン

牛
と
も
バ
ラ

牛
も
も

牛
ホ
ル
モ
ン

豚
肉

骨
付
き
肉
・
副
品
目

鶏
肉

オーダーすれば通を気取れること必至

サエズリ　英名 Esophagus

鶏の気管（食道）。管状のため食感には独特の弾力があるが、クセはなく食べやすい。チェーンの焼鳥店では滅多に見かけることはなく、まさに知る人ぞ知る希少部位である。ジューシーな味わいを、ぜひ一度試してほしい。

1羽から1個しか取れない希少部位

アズキ　英名 Spleen

丸肝（脾臓）。小豆に似ていることから「アズキ」、また目にいいことから「目肝（めぎも）」とも呼ばれる。食感は柔らかく、見た目よりはクセのない味で、ほのかに甘みを感じられる。希少部位ゆえ、出合ったらお試しを。

レバーと並んで栄養価の高い部位

背肝 英名 Kidney

　鶏の腎臓。見た目で抵抗感を覚える方もいるかもしれないが、脂がのっていて、口にするとことのほかおいしく感じるにちがいない。レバーと同様にビタミンAや鉄分などをたっぷり含んだ栄養価の高い部位である。

そのジューシーな味わいはまさに「鶏のトロ」

テール 英名 Tail

　鶏の尻尾に当たる三角形の部分で、尾骨の周りを覆う希少部位。「ぼんじり」、「ぼんぼち」、「さんかく」とも呼ばれる。鶏の中でも最も脂がのっている部位でもあり、そのジューシーでとろけるような口当たりは絶品だ。

そのほかの食肉

牛、豚、鶏は"ミート界"の基本のキ。
一歩上ゆく肉通を目指すなら、馬や羊などの伝統的な食肉や、
鹿や兎以下「ジビエ」についての知識もしっかり叩き込んでおこう。
そうすればあらゆる食のシーンで役立つこと請け合い。
例えばレストランでもスマートに振る舞えるはずだ。

Horse

生活習慣病が気になる世代の強い味方

馬 うま Horse

馬肉の別名は桜肉。日本では刺身（馬刺し）で食べられることが多く、東京には桜鍋といって、すき焼きのように割下で煮る調理法もある。牛、豚、鶏より低カロリー、低脂肪、低コレステロールで高タンパク質だから、メタボリック気味の人には特にお勧めだ。ヨーロッパで馬肉食発祥の地とされるフランスには馬肉専門店が存在する。

Lamb, Mutton

成長の度合いで「呼び方」が変わる

羊 ひつじ Lamb, Mutton

生後1年未満で永久歯が生えていないものを「ラム」、それ以外を「マトン」とする（ニュージーランドには「ホゲット」と呼ばれるものも存在）。脂肪燃焼を促すL-カルニチンを多く含むため、ダイエットをしている人にうってつけだ。また、筋肉中の疲労物質である乳酸を減少させる働きがあり、アスリートたちから注目を集めている。

沖縄では言わずと知れたスタミナ食材

山羊 Chevon

沖縄では、何かお祝い事があると食したり、薬のように服用したりと珍重されている山羊肉。一般的にはマイナーの部類に入るだろう。独特の臭みで敬遠されがちだが、スパイスを上手に使うアジア各国ではカレーや串焼きにして多く消費されているのだ。低カロリー、高タンパクで、鉄や亜鉛といったミネラル分も豊富に含まれている。

野趣溢れる味わい、ジビエの代表格

鹿 Venison

フランス料理の高級食材として、グルマンたちの胃袋を掴んでいる鹿肉。非常に多くの鉄分を含むため、ほかの畜肉と比べて肉の色が赤いのが特徴だ。近年では、北海道ならではの貴重な食材としてエゾシカ肉が脚光を浴びている。ロース・ヒレはステーキやカツレツに、モモ肉は薄くスライスしてそのまま味わうのをお勧めしたい。

魯山人を美食家へ誘った"張本人"

猪 Boar

鮮やかな深紅の赤身と白い脂身のコントラストが美しい猪肉。別の名を牡丹肉といい、薄くスライスしたものを鍋にして味わう牡丹鍋は郷土料理として知られている。一見、脂っぽいが、実はカロリーが控えめでさっぱり。あの稀代の美食家・魯山人は猪の肉を食べて、初めて「食物の美味さ」を自覚したと自身の随筆で述べている。

徳川将軍家の年頭料理に欠かせない肉

うさぎ
兎 Rabbit

欧州料理、とりわけフランス料理でなじみ深い兎は、大きく分けてラパン（養殖兎）とリエーブル（野兎）の2種類ある。肉質がやわらかいのが特徴だ。日本でも古来より兎を食用とする習慣は存在。徳川将軍家では正月三が日に兎のすまし汁を調理して、祝賀に登城した御三家や大名に振る舞っていたという話が残されている。

これぞフランス料理の「顔」

かも
鴨 Duck

押さえておきたい品種は、最もポピュラーな「バルバリー」、フランスを代表する「シャラン」、フォアグラを取る鴨として知られている「ミュラー」。フォアグラを採取した後のムネ肉は「マグレ・ド・カナール」と呼ばれる。栄養素としては、ビタミンB_1やB_2、鉄分を含有。健康な皮膚や爪、髪をもたらすと言われる。女性にうれしい。

エジプトには鳩料理の専門店も!

はと
鳩 Pigeon

日本で食用にされることは滅多にない鳩だが、例えばエジプトでは非常にポピュラーな食材として親しまれている。しかも鶏より高級で、鳩料理の専門店まで存在するほど。また、フランスでも一般的に食されており、ブレス産のものは品質がいいと定評がある。特にピジョノー（仔鳩）は、やわらかな肉質とコクのある旨みが魅力だ。

古来より位の高い人々の間で珍重

雉 きじ Pheasant

吉田兼好の『徒然草』で「雉は鯉と並んで特別なもの」、15世紀の料理書『四条流庖丁書』で「鳥といえば雉のこと也」と記述されたように、雉肉は昔から珍重され、位の高い人々に愛されてきた。鳥のジビエの代表格で、大体12月〜2月が旬となる。鶏肉と比べて低カロリー、高タンパク質。アミノ酸も豊富で美容効果も期待できる。

仔牛に似た味わいのヘルシーな赤身肉

ダチョウ Ostrich

「オストリッチ」と呼ばれる皮革製品でおなじみのダチョウだが、その肉は低脂肪で、脂肪を燃焼させる効果があるL-カルニチンをたっぷり含むことからヘルシーな食材としての認知度も高まりつつある。肉質は非常にやわらかく、臭みやクセは一切なし。ステーキや炒め物にするもよし、カルパッチョなど生食で味わうのも一興だ。

戦後の定番食材、その人気は復活の兆し

鯨 くじら Whale

かつては「あって当たり前の食材」であった鯨肉。特に鯨の竜田揚げは、戦後の学校給食を代表するメニューとして親しまれていた。捕鯨問題の影響で流通量が激減したこともあったが、近年ではその人気が復活傾向にあり、居酒屋などのメニューに見られるようになってきた。牛肉のように濃厚な味わいを、是非一度お試しあれ。

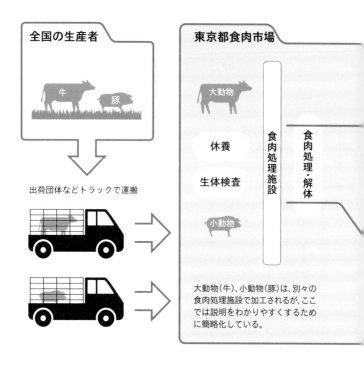

全国の生産者

東京都食肉市場

牛　豚

出荷団体などトラックで運搬

大動物

休養

生体検査

食肉処理施設

食肉処理・解体

小動物

大動物(牛)、小動物(豚)は、別々の食肉処理施設で加工されるが、ここでは説明をわかりやすくするために簡略化している。

肉の流通（東京都中央卸売市場 食肉市場）

「ごちそうさま」という言葉は、食事というおもてなしに対する感謝の意を表したもの。ここでは、生きた命を「おいしい肉」とするプロフェッショナルたちの存在と流通の仕組みを解説する。

いのちのすべてを無駄なく消費者の手へ。

　牛肉や豚肉が我々の食卓に届くためには、市場の存在を抜きにできない。「東京都中央卸売市場」は、その代表的な存在。関東近郊はじめ、東北や関西のブランド牛・豚がここに集められる。魚の世界における豊洲と捉えればわかりやすいかもしれない。

　実際の流通経路については上の図をご覧あれ。まず、全国の牧場で育てられた牛や豚は出荷団体を経て、この市場へ運ばれる。そして、牛は大動物、豚は小動物として別々のプロセスで解体。卸業者によって場内でせりにかけられる。その後、枝肉、内臓肉の多くは仲

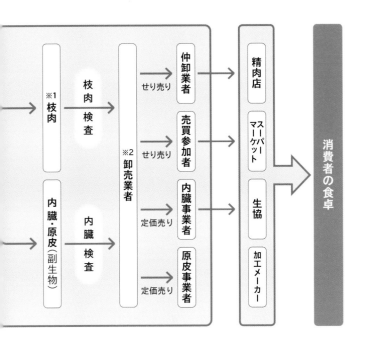

※1 枝肉(えだにく)とは、食肉処理した牛や豚から頭部、肢端部、内臓、皮、尾を取り除き、背骨で二分割したものを指す。いわゆる正肉(しょうにく)と呼ばれるものがこれにあたる。副生物とはホルモンと心得よう。

※2 牛や豚を枝肉の状態でせりにかけるのが卸売業者。そこから枝肉を買って、さらに場内で加工、次の業者に売るのが仲卸業者。市場内に加工場と店舗を持ち、小売業者など市場に買い出しに来る人たちに販売をしている。

卸業者などから小売業者へ販売、私たちの食卓に届く。

　ちなみに、枝肉、内臓肉以外の部位——血液や骨などは薬品や工業製品の原材料になる(特定危険部位は除く)。「いのち」は無駄なく大切に、この東京食肉市場で我々の生活の糧となるのだ。

見学ができる! お肉の情報館

芝浦・食肉市場内の「お肉の情報館」では、と場の役割、肉の生産・流通などを総合的に知ることができる。肉を真に愛する者であれば、ぜひ一度は訪れていただきたい。

東京都港区港南2-7-19 東京都中央卸売市場食肉市場 センタービル6F
開館時間:午前10時〜午後6時
休館日:土・日・祝日・年末年始
TEL 03-5479-0651(代表)

焼肉の焼き方── 焼奥義
YAKINIQUEST が指南

焼き方の基本を身につけたら次は実践あるのみ。
1500軒以上の焼肉を食べ歩いた焼肉探究集団「YAKINIQUEST
（ヤキニクエスト）」の gypsy 氏が長年の経験から編み出した「焼奥義」を指南。
これをマスターすれば焼肉屋でも注目の的となること間違いなし!?

焼奥義 - ❶
手かざし温度チェック

焼肉では網が適温まで熱せられてから肉を置く必要が
ある。そこで網の温度が最適な状態かどうかを確認す
るための技がこれだ。手のひらを網の上10センチ前
後の位置にかざし、程よい熱を感じられたら準備OK
のサイン。技自体の難易度は高くないが、焼きのスター
ト段階で焦る気持ちをおさえてこのチェックを行えるか
どうかという、むしろ精神面でハードルの高い技である。

焼奥義 - ❷
レモン直搾り

読んで字のごとく、網の上の肉に直接レモンを搾りか
ける技。肉を手元のレモン汁につけると大切な肉汁
が器に流れ出してしまう。これを避けるため、焼きあがっ
た肉の上で静かにレモンを搾るのだ。後は肉の表面
にたまった肉汁およびレモン汁をこぼさないように慎
重に口に運ぶ。火の熱さでレモンを落としたり、人や
人の肉にレモンをかけてしまうようなことをしないよう
に注意されたい。

焼奥義 - ❸
ブリッジ

焼奥義の中でも一、二の美しさを誇る技。文字通り肉を「ブリッジ」させて2つの面を同時に焼き上げる。使用する肉は綺麗な直方体にカットされ、ある程度の厚みがあるものが最適。肉の中央を箸ですくうように持つと肉は自らの重みで逆U字形になる。そのまま静かに網上に置き、肉が自立したら完成。焼き時間の短縮と芸術性の両面を兼ね備えた注目度の高い技だ。

※危険ですから、実際にはブリッジの姿勢での「ブリッジ」は絶対にやらないでください！

焼奥義 - ❹
リーンバック

Leanは「もたれる、寄りかかる」の意味。肉を箸に「もたせかける」ことで肉の側面部分を焼くための技。この技や「ブリッジ」（上記）を駆使して肉の六面すべてをきっちりと焼き上げることで、より完璧な肉汁包囲網を完成させることが可能となる。ただしある程度の厚みを持った肉でないと、せっかくリーンバックさせてもずるずると滑り落ちてしまうだけなので気をつけたい。

焼奥義 - ❺
180° (ワンエイティー)

ロースターには場所によって火力に差があり、肉を1カ所に置いたままだと焼きムラが出来る場合がある。これを防ぐために肉を水平方向に180°回転させるのがこの技だ。上手に出来れば狭い網の上で他の人の焼き領域を侵すことなく肉を回すことが出来る。さりげなく美しく決めたい技だが、力が入りすぎると180°以上回転してしまうことがあるので注意したい。

 焼奥義 - ❻
RRS (アールアールエス)

薄切りの肉を筒状に巻いてから焼く技。こうすることで肉汁を逃がさない上に、ミルフィーユ状になった肉の食感がえも言われぬ快感を口中にもたらしてくれる。ポイントは、焼いている最中に解けないようにきつめに巻くこと。唯一にして最大の欠点は、見た目が決して美しいとはいえないことである。「Rolling Roast Special（ローリング・ロース・スペシャル）」の名が表す通り、ロース肉に最適な技である。

焼奥義 - ❼
白金ルーレット

大判薄切り肉の焼きムラを無くすため、網ごと回転させる大技。通常サイズの肉は「180°」(p.186)等を行うことでムラなく焼き上げられるが、特大サイズの、しかも極薄切りの肉となるとそうはいかない。そんな時はおもむろに網に箸をつっこみ、トルクをかけて網を回転させるべし。ただし何周もまわす必要はなく、あくまで火の当たり具合を調整するにとどめたい。ちなみに命名はこの技が生まれた店が東京・白金にあることに由来する。

焼奥義 - ❽
Z-meat(ズィーミート)

大判の薄切り肉を網に載せる際、上手く広げられなかった経験はないだろうか？　手間取っているうちに焦げてしまい、折角の高級肉が台無し…なんてことにならないためにマスターしたいのがこの技だ。あらかじめ布団を畳むように肉を三つ折りにしておく。こうすれば網の上で鮮やかかつスムーズに広げることが可能。ひっくり返すときも同じ要領でやればOKだ。畳んだ肉を横から見ると「Z形」であることからこの名がついている。

撮影協力店紹介

本書では牛・豚（正肉）・鶏について、都内の一流飲食店に上質な食肉を卸している、以下のこだわりの精肉店・仲卸業者に食肉撮影協力をお願いした。

肉の藤枝 https://food-majority.co.jp/

脂の融点の低い雌牛にこだわる、焼肉芝浦直営の精肉店

牛

焼肉芝浦のオーナー、藤枝祐太氏肝いりの精肉店。店頭には肉のコンシェルジュが立ち、焼肉、すき焼き、しゃぶしゃぶ、お惣菜まで、ご家庭用から、卸、贈答用と充実。バックヤードの肉作業場とウォークインのプレハブ冷蔵庫はガラス張りで"見える安心感"を提供。日本の宝である和牛を取り扱う人材育成にも力を入れる。

東京都世田谷区下馬1-45-6 ウィスタリアプラザ1F
TEL 03-6805-4129　営業時間：13:00〜17:00　不定休

伸越商事株式会社 http://shinetsu1021.co.jp/

ニッポンの銘柄豚を扱う豚肉専門仲卸

豚

東京食肉市場敷地内に枝肉からブロック肉へとカットする加工場をもっている、豚肉専門の仲卸業者。仲卸業者とは食肉市場内で卸売業者から枝肉をせりで買い付け、それを小分けし、小売業者や飲食業などにさらに卸す役割。同社が扱う岩手の銘柄豚「岩中ポーク」をはじめ、コクのある最上級の豚肉は、都内の一流レストラン、飲食業からのオーダーを常時多数かかえている。

東京都港区港南2-7-19 東京都食肉市場内　TEL 03-3471-1703

鶏肉専門店 信濃屋 http://www.torinikuya.com/

産地直送、毎朝解体！ 熟成された本物の味

鶏

実は機械でばらしてから出荷すると肉から旨みが逃げてしまう――それを理由に創業以来60年間、毎朝店内で人の手で一羽一羽をていねいに解体した上で商品として出している。鳥取の大山どり、山梨の信玄どりの銘柄鶏にこだわり、小売りだけでなく、都内から全国まで、一流飲食業からのオーダーを擁している。

東京都品川区西五反田1-13-1　TEL 03-3491-9320
営業時間：9:00〜19:30　定休日：日曜・祝日

参 考 文 献

『牛部分肉からのカッティングと商品化』食肉通信社
『焼肉の文化史』明石書店
『焼肉の誕生』雄山閣
『焼肉メニュー事典』旭屋出版
『焼肉手帳』東京書籍
『焼肉の教科書』宝島社
『焼肉べんり事典』宝島社新書
『肉ノート』東京カレンダーMOOKS
『食肉の知識』公益社団法人 日本食肉協議会
『食肉加工品の知識』公益社団法人 日本食肉協議会
『アメリカン・ビーフ プロダクトガイドブック』米国食肉輸出連合会
『知っておきたい牛肉の取扱い方法』公益財団法人 日本食肉消費総合センター
『畜産副生物の知識』公益社団法人 日本食肉協議会
『全国地鶏銘柄鶏ガイドブック2011』一般社団法人 日本食鳥協会
『食鶏取引規格 食鶏小売規格』一般社団法人 日本食鳥協会
『お肉の表示ハンドブック2019』全国食肉公正取引協議会
『はなしのご馳走 食肉の文化知識情報』公益社団法人 日本食肉協議会

参 考 U R L

公益財団法人日本食肉流通センター　https://www.jmtc.or.jp/index.html
公益財団法人日本食肉消費総合センター　http://www.jmi.or.jp/
全国焼肉協会　https://www.yakiniku.or.jp/
食肉の知識　http://kumamoto.lin.gr.jp/shokuniku/
香美町小代観光協会　https://www.ojirokanko.com/

190

藤枝祐太（焼肉芝浦オーナー）　https://food-majority.co.jp/

服部栄養専門学校卒。イタリア料理店、大手飲食店商品開発を経た後、2007年、「焼肉芝浦 駒沢本店」オープン。2008年株式会社FM設立、2010年「焼肉芝浦 三宿店」、2013年「肉の藤枝」と事業を拡張、"生きた命を余すことなく大切に頂く"をコンセプトにA4ランク以上の雌の和牛や優れた国産牛を使用したこだわりの3店舗と、小売りから卸まで手がける精肉店の運営や都内に数々の焼肉店開業指導などを行う。店舗の「芝浦」という名は、魚介類でいえば豊洲に当たる、東京・品川駅南口にある東京都中央卸売市場食肉市場の呼称。独立前に半年間、上質な肉を見る目を養うために、毎日無給でこの地に通い続けた思い出の食肉市場に、「焼肉芝浦」の店名は由来する。

撮影	中村香奈了（表紙・本文）
	伏見早織（株式会社世界文化ホールディングス）
	中島里小梨（株式会社世界文化ホールディングス）
装丁・本文デザイン	木村真樹
イラストレーション	浦野周平
協力	株式会社FM
	焼肉芝浦
	肉の藤枝
	伸越商事株式会社
	有限会社信濃屋
	東京都中央卸売市場食肉市場
	一般社団法人 日本畜産副産物協会
	一般社団法人 日本食鳥協会
構成・執筆	石田 傑（YAKINIQUEST）
	甘利美緒
DTP製作	株式会社明昌堂
校正	株式会社ヴェリタ
編集	丸井富美子

※本書は『焼肉美味手帖』（2014年刊）の内容を改訂、新規ページを加えた新版です。

- -

新版 焼肉美味手帖

発行日	2021年3月30日　初版第1刷発行
	2024年9月15日　　　第2刷発行

監修	藤枝祐太
発行者	岸 達朗
発行	株式会社世界文化社
	〒102-8187 東京都千代田区九段北4-2-29
電話	03(3262)5118（編集部）
	03(3262)5115（販売部）
印刷・製本	TOPPANクロレ株式会社